El miedo a la vida y la vida dentro del miedo

El miedo a la vida y la vida dentro del miedo

Historias del mundo de la hipnosis

Dr. Ali Badarni

Dr. Ali Badarni
El miedo a la vida y la vida dentro del miedo

Publicado por Spines
ISBN: 979-8-89569-401-5

Spines

Dedicatoria

Dedicado a la memoria de mi hermano, Naji Badarni, que en paz descanse, quien fue mi amigo, un mentor y un hombre de corazón generoso.

Índice

Parte Uno
El anhelo y el comienzo

1. ¿Qué es la hipnosis? 9
2. Cambios que ocurren durante la hipnosis 18
3. La influencia de la sugestión 21
4. El lenguaje de Erickson y su papel en la hipnosis 36
5. Hipnosis y manejo del dolor 44
6. Métodos para tratar el dolor mediante la hipnosis 47
7. Trance e hipnosis 59

Parte Dos
Historias del consultorio de hipnosis

8. La Señora 65
9. Sami 89
10. Su nombre es Saeed (que quiere decir "feliz") 111
11. Adel 140
12. Dr. Ayman 151
13. Abudí 170
14. Emil 188
15. Rana 204

Parte Tres
Historias de la vida

16. No soy nada 215
17. Descansa en paz, Vangelis 219

18. Katrina 225
19. Un mundo complicado y simple 229
20. Adiós, Eliki Christaki 232
21. Se llamaba Mathios 235

Bibliografía 239

Prólogo del autor

> No hay esperanza sin miedo, ni miedo que no contenga esperanza.
>
> — Baruch Spinoza

A lo largo de nuestras vidas, cada uno de nosotros se encuentra con distintas personas que nos impactan en diversos grados.

Algunas han estado presentes en nuestra vida y quizá nos hayan causado daño; aun así, cumplieron su misión y se marcharon, fortaleciendo así nuestro sistema inmunológico.

Otras están presentes, nos reciben con sonrisas y hacen que nuestros ojos brillen cuando nos encontramos con ellas. Pero debemos entender que un día su misión terminará y se irán.

Las cosas han sucedido y siguen sucediendo una tras

otra; todas llegan para decirnos algo, a veces con una bofetada y a veces con un abrazo, guiándonos e iluminando aún más nuestro camino.

No hay vacío en este mundo, y yo soy uno con este mundo.

Durante casi treinta años, me he reunido con miles de personas que vinieron a mí en busca de terapia y ayuda; cada una abrió ante mí los confines de su corazón, cada una un universo en sí misma. Estuve presente con cada una de ellas en cada momento de sus sesiones, y muchas veces incluso después. Algunas me visitaron en mis sueños, mientras que otras compartieron conmigo momentos tanto de alegría como de tristeza.

Cada una dejó una huella en mí.

En este libro relato las historias de ocho de ellas, ocho héroes a través de los cuales confronté mis propios miedos y traumas pasados, y con cuya ayuda sané con amor muchas heridas que habían permanecido abiertas durante muchos años.

Les estoy agradecido.

Cada historia de este libro se basa en varias personas reales a quienes fusioné en un solo personaje y le di un nombre.

Cada uno de ustedes puede verse en cada historia, y también es posible que encuentre una parte de sí en relatos como La señora o Su nombre es Saeed (que significa 'feliz') y está ansioso todo el tiempo o Dr. Ayman, entre otros. A veces quien lee se encontrará en la historia porque el héroe se le parece, lo que lo llevará a identificarse, reaccionar a sus emociones, llorar en su pena, alegrarse en su felicidad y extraer lecciones del recorrido terapéutico. Otras veces pensará que la historia trata sobre él o ella. Cada uno de nosotros está presente en todas estas historias, a veces como protagonista y a veces como personaje secundario.

Quisiera agradecer a los otros héroes del libro, los que están entre bastidores y no se mencionan directamente, los héroes que me sostuvieron y me acompañaron a lo largo del proceso de escritura de este libro, quienes creyeron que una nueva creación estaba a punto de salir al mundo. Estos héroes son almas afines, curiosas, que buscaban explicaciones, sonreían y me brindaron una sólida red de seguridad.

Mi gratitud también para mi singular amiga y artista, Amal Murkus, quien me animó a publicar este libro en hebreo, y para la maravillosa traductora Bruria Horowitz, que aceptó el desafío de cumplir este sueño y emprendió la traducción con amor, buena predisposición y voluntad, sin condición alguna.

También agradezco al Dr. Tzachi Arnon, expresidente de la Asociación Israelí de Hipnosis, por sus observaciones profesionales sobre la primera parte teórica de este libro.

Y, por supuesto, un agradecimiento especial a mi querida familia: a Sawsan y Lidia, mis hijas, a mi hijo Jorge y a mi compañera María, por su apoyo, cada cual a su manera.

Ante ustedes expongo y presento mi creación, que se materializó con la llegada de mi querida nieta Layla. A través de ella, se familiarizarán con la hipnosis y comprenderán que la experimentamos todos los días. Probablemente se identifiquen con los héroes de los relatos y sientan que los acontecimientos descritos reflejan una realidad compartida por muchos de nosotros.

Les deseo una lectura placentera.

Ali.

Σ

Parte Uno

El anhelo y el comienzo

Fue en la primavera de 1988.

En uno de los callejones adoquinados del barrio histórico del centro de Moscú, más precisamente en la calle Taganskaya, tuve mi primer encuentro con la hipnosis.

La nieve, que había empezado a caer en octubre del año anterior, había cesado. Cálidos rayos genuinos sustituyeron a los falsos rayos que el sol había enviado durante los meses pasados. Pequeños parches de nieve aún sin derretir cubrían partes de las zonas entre los árboles, esparcidos por todas las calles, y el agua del deshielo goteaba formando pequeños charcos a lo largo de las calzadas, fluyendo suavemente hacia las zanjas de drenaje.

Una tarde soleada, entré por un corredor oscuro a

nivel de la calle en el lugar que había estado buscando. Era un edificio antiguo de dos pisos, construido en el siglo XIX, quizá antes. El edificio tenía un tejado de tejas cuyo color había cambiado con el tiempo debido a la intemperie. La puerta que abrí crujió y quebró el silencio que reinaba en el edificio. Las viejas escaleras de mármol que conducían al piso superior estaban desgastadas en el centro por el roce histórico de incontables pies que las habían transitado a lo largo de los años. La tranquilidad del segundo piso se veía interrumpida por la luz del sol que se derramaba desde la ventana de una de las habitaciones hacia el estrecho y oscuro corredor, y me servía de guía.

De aquella habitación llegaban a mis oídos susurros tenues. Seis personas estaban sentadas en un círculo informal y desordenado en medio de la sala, esperando que comenzara la reunión. Una médica se sentaba entre dos de sus colegas varones, mientras que el resto eran hombres barbudos, altos y fornidos. El más joven rondaba los cincuenta. Sus rostros exhibían una expresión seria y adusta. Después comprendí que se dedicaban a la parapsicología y la mediumnidad.

Al entrar, me lanzaron miradas curiosas. Los saludé con mi sonrisa espontánea y juvenil y les hablé en ruso.

Quizá fue mi aspecto juvenil, junto con mi camiseta deportiva Adidas verde y los vaqueros, lo que al principio llamó su atención; sin embargo, cuando oyeron mi acento poco familiar en ruso, se dieron cuenta de que venía de lejos.

Me uní a ellos, convirtiéndome en el séptimo integrante del grupo.

Tenía entonces veinticuatro años, era estudiante de tercer curso en la Facultad de Psicología de la Universidad Estatal de Moscú, que lleva el nombre de su fundador, Mijaíl Lomonósov.

La Facultad de Psicología también se encuentra en el corazón de Moscú, en uno de los edificios históricos de la Universidad Estatal de Moscú que fue construido en 1755 y sigue en uso hoy.

La mejor manera para mí de llegar a la Facultad de Psicología era en metro. Lo tomaba hasta la estación Avenida Marx, cuyo nombre se cambió, tras el colapso de la Unión Soviética, por Okhotny Riad. Después de salir del último vagón del tren proveniente del suroeste —donde yo vivía, en la Avenida Virandsky— y subir las escaleras hasta la calle, a unas decenas de metros a la izquierda se pueden ver la Plaza Roja, el Kremlin y el Museo Histórico. Al fondo se alzan el Hotel Moscú y la Casa de la Duma (el edificio legislativo), y detrás de ellos el famoso Teatro Bolshói. Al frente, a unos doscientos metros, está la Facultad de Periodismo, en cuyo centro de la plaza se alza una gran estatua de Mijaíl Lomonósov, que dirige una mirada constante hacia la sala que tiene enfrente, donde se albergan exposiciones de pinturas de artistas de renombre.

Cuando giras a la derecha al bajar del tren, entras en la calle Gorki (ahora llamada Tverskaya).

Tver, a la que alude el nombre, es una de las ciudades históricas a las que conduce esta calle. Se encuentra a orillas del Río Volga, a lo largo de la ruta que conecta Moscú con San Petersburgo (que se llamó Leningrado y, antes de eso, Petrogrado) y es considerada uno de los centros culturales más importantes de Rusia. Fue fundada en 1135 y, desde el siglo XIII hasta el XIV, fue el mayor foco del movimiento de liberación nacional del yugo tártaro.

Cuando caminas unos metros por la calle Tverskaya y giras a la izquierda, ves frente a ti la Facultad de Psicología. Es un edificio antiguo de cuatro pisos pintado en dos colores atemporales —blanco y un amarillo oscuro que se asemeja al beige.

En cuanto a Mijaíl Lomonósov, que da nombre a la Universidad Estatal de Moscú, nació en 1711 en el seno de una humilde familia campesina del norte de Rusia. Como niño de recursos limitados, se enseñó a sí mismo a leer, escribir, dominar la gramática y estudiar matemáticas sin la ayuda de maestros.

Siendo joven, huyó de la casa de su padre para buscar conocimiento en la lejana Moscú, a la que llegó tras caminar más de mil trescientos kilómetros. Allí fue admitido en la Academia de Ciencias Latinas y Griegas y, tras completar sus estudios, fue enviado a Alemania, donde aprendió con los más destacados maestros alemanes y neerlandeses.

Después de su regreso a Rusia, inició su labor científica en la Academia de Ciencias de la capital rusa y encabezó una reforma del sistema educativo. Consagró todos sus esfuerzos a garantizar el derecho a la educación de los segmentos empobrecidos de la sociedad.

Lomonósov fundó el primer laboratorio de química de Rusia, donde realizó numerosos experimentos físicos. También investigó la historia rusa. Se le atribuye haber revivido el arte antiguo del mosaico e introducirlo en Rusia, además de proponer y fundar en Moscú la primera universidad de Rusia.

Es difícil encontrar alguna disciplina científica a la que Lomonósov no haya contribuido. Es autor del libro Capítulos Escogidos en Retórica, que se convirtió en una fuente primaria y autorizada en la literatura mundial, sentó las bases de la química física e inventó numerosos instrumentos ópticos, incluidos telescopios que el mundo utilizó para estudiar el planeta Venus. Uno de sus estudios más fascinantes es el relativo a la teoría de la generación del calor como resultado del movimiento de las partículas.

Lomonósov falleció a los cincuenta y tres años.

A lo largo del trayecto entre la estación de tren de la Avenida Marx y la Facultad de Psicología —que había sido parte integral de mi rutina diaria, mañana y tarde, durante varios años—, un pequeño aviso en una de las vallas publicitarias diseminadas a lo largo de la calle llamó mi atención, invitando a quienes estuvieran interesados a estudiar y experimentar la hipnosis.

Dado que la hipnosis me fascinaba desde la infancia y era la principal motivación de mis estudios de psicología, sentí que ese aviso estaba dirigido a mí personalmente, porque no hay casualidades en la vida; los acontecimientos se despliegan con sabiduría y alguien los orquesta.

Al menos en ese entonces, esa era mi creencia—y lo sigue siendo.

El estudio y la práctica de la hipnosis estaban reservados a unos pocos grupos de manera más bien tácita e incluso ilegal en algunos lugares. Naturalmente, no formaban parte del plan de estudios académico, y así sigue siendo incluso hoy.

Con aquel grupo único, irrepetible, que conocí allí, en la calle Taganskaya, en el segundo piso de uno de los edificios antiguos, estudié y practiqué hipnosis durante cinco días consecutivos, desde la tarde hasta bien entrada la noche.

Era hipnosis tradicional, caracterizada por un enfoque de mando y control: demostración de autoritarismo y emisión de órdenes intransigentes y sugestiones directas en un tono alto y tajante.

Fue una experiencia placentera, porque se me reveló un mundo que desde hacía mucho anhelaba conocer, tanto en lo científico como en lo práctico. Experimenté con la hipnosis y la apliqué a los miembros de mi grupo y, a su vez, ellos la aplicaron conmigo. Comprendí lo que ocurre en el cerebro durante la hipnosis y descubrí la forma más fácil y eficaz de inducir un trance hipnótico en una persona. También aprendí cómo se podrían extraer secretos de una persona durante un sueño nocturno normal, pero nunca lo puse en práctica —ni con nadie, ni siquiera con María, mi compañera de clase entonces y hoy mi esposa—. Aunque sentía mucha curiosidad y ganas, ¡no lo hice!

Tras aquella experiencia, pasaron muchos años durante los cuales me ocupé de la hipnosis solo en sus formas más sencillas —más precisamente, practicando diversas técnicas de relajación e imaginación guiada. Al cabo de un tiempo, me familiaricé con otro tipo de hipnosis, la atribuida a Milton Erickson.

Más adelante profundizaremos en la figura de este científico, considerado el padre espiritual de la hipnosis permisiva en el siglo XX.

Capítulo 1

¿Qué es la hipnosis?

En general, la hipnosis puede describirse como una interacción entre dos o más personas, en la que una persona es el hipnotizador y las demás son las personas hipnotizadas. El hipnotizador da instrucciones verbales, ya sea a viva voz o mediante gestos, y la persona hipnotizada las ejecuta.

Según la Asociación Israelí de Hipnosis[1], de la cual soy miembro, la hipnosis es un estado en el que la persona moviliza su capacidad de concentración para dirigir la atención hacia adentro. En un estado de hipnosis, uno se permite orientar la mayor parte de su atención y recursos para provocar un cambio físico o mental, establecer una conexión más eficaz con el subconsciente o mejorar el sistema de comunicación entre el cerebro y el cuerpo. Cualquier estado en el que centramos la mayor parte de nuestra concentración en un solo objetivo, como si 'ignoráramos' todo lo demás alrededor, posee las características de un estado hipnótico...

La hipnosis tiene muchas definiciones. Lo común a todas ellas es la descripción de la hipnosis como un estado alterado de conciencia, en el que la parte racional habitual reposa y la parte intuitiva, subconsciente, se vuelve más accesible y activa. A través de este estado alterado de conciencia, pueden evocarse fenómenos ocultos del mundo interior e inconsciente de la persona mediante una serie de sugestiones (indicios o propuestas). Es un método terapéutico complejo mediante el cual pueden inducirse cambios conductuales, mentales, cognitivos, emocionales e incluso físicos.

En la hipnosis se sortean los mecanismos de control mental y la conciencia habitual, al tiempo que se evocan e intensifican experiencias, emociones y sensaciones primarias en ámbitos como la visión, la audición y el olfato. Es una vía directa de acceso al mundo interior, inconsciente.

En el inconsciente están almacenados recuerdos reprimidos, experiencias dolorosas, frustraciones y traumas que la persona ha vivido, derivados mediante diversos mecanismos de defensa activados para mantener la salud mental. El inconsciente también alberga una enorme cantidad de información, emociones y sensaciones que la persona ha reprimido o no ha podido procesar. Es aquí, en particular, donde residen las causas de muchos problemas psicológicos; aquí se hallan especialmente las soluciones a muchos padecimientos —que se manifiestan como diversas enfermedades físicas—; y es aquí donde la hipnosis está al alcance como medio para tratarlos. Al fin y al cabo, la hipnosis es una forma de tratamiento psicológico ordinario y breve, en comparación con otras terapias, y posee mayor poder debido a su conexión directa con el inconsciente.

Con razón se considera al inconsciente un compañero complaciente que opera de manera encubierta y envía sus mensajes a través de diversos signos y síntomas psicológicos, físicos y conductuales. Lo hace para alertarnos de que algo no va bien, o de que hay un fallo en el rumbo de nuestra vida que requiere alguna acción para corregirlo. Nos envía mensajes emocionales —como sentimientos de miedo, ansiedad, ira y otros— para que nos cuidemos y volvamos a visitar las páginas que guarda en su interior a fin de reordenarlas.

La hipnosis es una herramienta maravillosa para establecer conexión con el inconsciente a fin de aprovechar todo nuestro potencial humano. Puede emplearse para mejorar la calidad de vida y la salud mental de cada uno de nosotros, pues mediante la autohipnosis se pueden inculcar sugestiones positivas, afrontar el estrés, superar dificultades y desarrollar formas de pensamiento avanzadas y responsables.

Uno de los mitos comunes respecto a la hipnosis es la noción de pérdida de control. Algunos creen erróneamente que el profesional controla al hipnotizado durante la hipnosis, dándole órdenes y provocando que realice acciones que normalmente no emprendería. Esta idea, por supuesto, es fundamentalmente errónea, ya que es imposible —incluso en hipnosis— obligar a alguien a hacer cosas que nunca aceptaría por su conciencia, sus valores y sus principios. Cualquier intento de este tipo por parte del profesional se toparía, sin duda, con un crítico interno que está siempre vigilante, llama la atención de la persona y la despierta cuando es necesario. Ese crítico interno, claro está, varía de una persona a otra y se ciñe a su conciencia y a sus valores personales, como se ha mencionado.

Quien practica la hipnosis es el acompañante de la persona. La guía y la orienta hacia la meta a la que aspira a llegar, tal como hizo Erickson con el caballo. El inconsciente es la parte que conoce la verdadera inclinación de uno y conduce a la persona al ámbito de su deseo para abordar su problema. A veces esto requiere una hipnosis profunda, y otras basta con que la persona esté en un estado de hipnosis ligera, ya que el éxito del tratamiento no depende en absoluto de la profundidad del estado hipnótico.

Existe una coincidencia casi unánime entre quienes practican la hipnosis en que los niños poseen una mayor capacidad y disposición para responder a las sugestiones y entrar en un estado de trance hipnótico, debido a varios factores como su viva imaginación, su razonamiento verbal limitado, su deseo de experimentar cosas nuevas y su entusiasmo por los llamados trucos de magia.

En cuanto a los adultos, se han desarrollado métodos especiales conocidos como inducción para ayudarlos a entrar en un estado de hipnosis.

Acelerar el proceso de ingreso a la hipnosis — inducción hipnótica

Hay varias maneras de entrar en un estado de hipnosis. Esto requiere pasos dosificados que se determinan de antemano con la persona. Por ejemplo, se evalúa cuáles de sus canales sensoriales son más fuertes —si es su sentido del oído o de la vista, su lenguaje verbal o su imaginación visual, etc.

Existen innumerables herramientas empleadas con este fin. Se pueden emplear herramientas como un péndulo (dispositivo oscilante) para enfocar la mirada, un gong para enfocar la audición y un metrónomo para enfocar a la vez la vista y el oído. También se puede utilizar el canal verbal-auditivo por medio de relatos o de la imaginación y la relajación. De hecho, puede usarse cualquier cosa presente en la sala de tratamiento, sin entrar en más detalles, para no exceder lo que la ley permite. Sin embargo, deseo subrayar que todos estos medios requieren habilidades, profesionalidad y amplia experiencia.

La inducción hipnótica y los pasos orientados a lograr la relajación pueden realizarse de forma activa, por ejemplo: Cierra los ojos, aprieta las manos con toda la fuerza que puedas para que se conviertan en dos puños... Aprieta más... Más... Aún más... Y ahora suéltalas... Relájalas de golpe... Tus ojos están cerrados... Tu respiración está tranquila.

También puede hacerse de forma pasiva, por ejemplo: Siéntate cómodamente... Suelta las manos y los pies... Inhala aire y exhálalo... Una inhalación tranquila y una exhalación lenta... Imagina el aire entrando en tu cuerpo por tu nariz, pasando por tu tráquea y llegando a tus pulmones... desde allí el oxígeno se transporta a todos tus órganos... a cada una de tus células... Imagina el proceso de intercambio gaseoso... y el retorno de la sangre a los pulmones cargada de dióxido de carbono... Ahora sale del cuerpo por tu boca... lenta y serenamente... Respira de forma tranquila y lenta... Ahora contaré hasta diez... cada número representa un nivel más profundo que conduce a una mayor relajación...

Una vez que el terapeuta nota señales del paciente que indican su entrada en la primera etapa de la hipnosis, comienza la labor de fortalecer y profundizar cada vez más la hipnosis mediante sugestiones directas y otros métodos para iniciar el tratamiento.

Existen cuatro etapas de la hipnosis: un estado de relajación e imaginación, hipnosis ligera, hipnosis moderada acompañada, por ejemplo, de leve entumecimiento en partes del cuerpo y amnesia (olvido), e hipnosis profunda, que va acompañada de alucinaciones, amnesia y la posibilidad de realizar una regresión de edad para abordar un trauma ocurrido en el pasado u otros síntomas. El terapeuta determina, en coordinación con el paciente, la etapa adecuada para el tratamiento según la personalidad y las características del paciente, así como el objetivo de la terapia.

Algunas personas aceptan el tratamiento mediante hipnosis pero muestran resistencias ocultas. Por ejemplo, pueden abrir los ojos y luego cerrarlos, o sus párpados pueden seguir temblando, y a veces aparecen otros síntomas diversos. Para hipnotizar a estas personas, es necesario utilizar otros medios, y es el hipnotizador quien los determina, tras observar su resistencia durante las reuniones iniciales (Intake) o incluso durante la inducción hipnótica.

Pueden presentarse otras situaciones en las que la persona hipnotizada se niega a salir del estado hipnótico y regresar a la realidad. Estas situaciones requieren especial atención por parte del terapeuta para examinar las razones del deseo de la persona de permanecer en estado hipnótico. Por lo general, estas situaciones pueden manejarse sin especial dificultad, siempre que el terapeuta esté bien capacitado y tenga experiencia en este ámbito.

Existe, por supuesto, la posibilidad de enseñar la autohipnosis para que el paciente la utilice y mantenga la continuidad del tratamiento entre sesiones. La autohipnosis se enseña durante las sesiones de terapia hipnótica, así como mediante el uso de sugestiones poshipnóticas. Estas son sugestiones que entran en vigor después de que la sesión de hipnosis ha terminado.

La autohipnosis debe adaptarse de forma individual a cada persona y, para poder utilizarla, sus objetivos deben definirse de antemano y deben cumplirse ciertas condiciones. Ante todo, es necesario establecer las circunstancias apropiadas en las que tendrá lugar, el lugar y el momento adecuados, y más. Luego, se debe enseñar a la persona cómo salir del estado hipnótico o la señal mediante la cual saldrá, y después enseñarle nuevamente cómo entrar en hipnosis:

De ahora en adelante, te será fácil entrar en un estado de hipnosis una vez que te sientes en silencio y con calma, alcances la relajación y mantengas la continuidad de acuerdo con el método de entrar en hipnosis que has elegido. Solo podrás alcanzar este estado si se cumplen ciertas condiciones: cuando tú lo decidas y lo desees, y siempre que el tiempo y el lugar sean apropiados. Solo si se cumplen estas condiciones podrás entrar en el estado de hipnosis, y entonces podrás seguir todas las instrucciones que seguimos aquí. Cuando estés en un estado de relajación completa, puedes salir de la hipnosis de inmediato si hay una necesidad psicológica o física, o en cualquier otra situación. Para salir de la hipnosis, simplemente abre y cierra la mano tres veces y abre los ojos.

Es muy importante prestar atención al tiempo que una persona permanece en un estado de autohipnosis. Se debe permanecer en este estado una o dos veces al día por no más de veinte minutos, o varias veces al día, por un total no mayor a media hora.

Capítulo 2

Cambios que ocurren durante la hipnosis

Durante la hipnosis se producen cambios mentales-cognitivos, psicológicos, físicos y conductuales.

Cambios mentales-cognitivos: los mecanismos de autocontrol se debilitan, el pensamiento se vuelve más primitivo y asociativo, disminuye el pensamiento analítico, el ritmo del pensamiento se ralentiza y se altera el razonamiento lógico. Emergen formas de pensar primarias, tangibles, concretas, que se apoyan en los sentidos de la vista, el oído, el olfato y el tacto. La atención se focaliza internamente y hay una desconexión sensorial del mundo exterior. La percepción del tiempo se distorsiona y se deforma, y, por lo general, la hipnosis puede ir acompañada de alucinaciones y de ver cosas que no existen.

Cambios psicológicos: observamos una calma y tranquilidad internas y un enfoque en las emociones profundas. Pueden aparecer respuestas emocionales, que también pueden ser iniciadas y sugeridas por el hipnoterapeuta.

Cambios fisiológicos: incremento de la actividad en el hemisferio derecho del cerebro, aparición de ondas alfa, disminución de la frecuencia cardíaca, de la presión arterial y del ritmo respiratorio, reducción de la actividad del sistema nervioso simpático (que opera en estados de estrés y tensión) y aumento del sistema nervioso parasimpático (que acompaña estados de relajación y tranquilidad mental).

Cambios conductuales: observamos ausencia de movimiento acompañada de quietud y relajación general.

Durante la hipnosis, la persona se desconecta de la realidad circundante y se ocupa de estímulos internos de una manera que no es posible en la vida real. Es similar a cómo se lidia con las situaciones y los eventos que se revelan en un sueño, que se experimentan como si fueran realidad.

Cada uno de ustedes seguramente ha experimentado algo al ver una película que les encantó o con cuyo héroe se identificaron. Vemos al espectador reaccionar emocionalmente, sufrir por un final triste, enojarse ante un hecho que perjudicó al héroe e incluso, a veces, hablarle y advertirle de la traición de uno de los personajes o de una conspiración que se teje en su contra. Todo esto mientras sabe, en lo más profundo de su corazón y de su conciencia, que lo que ve no es más que una película y que no hay ninguna conspiración real, ni asesinato, ni ningún otro fenómeno real.

A modo de aclaración, permítanme decir que, si cada uno de ustedes montara una cámara y documentara su comportamiento mientras ve un partido de fútbol decisivo del equipo al que apoya, sin duda se sorprendería mucho, quizá apenas se reconocería y estallaría en carcajadas al verse hipnotizado y reaccionando de forma extraña ante lo que ve en la pantalla del televisor.

La característica fundamental de la hipnosis terapéutica es el uso de sugestiones y la conducción de la persona a un lugar seguro, para que pueda llegar a él y encontrar paz interior y un alto nivel de salud mental y física.

Capítulo 3

La influencia de la sugestión

La sugestión es un proceso psicológico cuyo propósito es transmitir un determinado pensamiento a otra persona de manera indirecta, sin pasar por su mente consciente ni por sus mecanismos de control intelectual. El control efectivamente se reduce, pero no desaparece; por lo tanto, no se puede proponer una sugestión que contradiga los valores y la conciencia de una persona. La sugestión puede provocar cambios en la conducta, los pensamientos, las sensaciones, las emociones, las opiniones y las creencias de una persona. Para lograr este objetivo se emplean medios verbales o motores, como cambios en el tono de voz, música y más.

Para explicar y simplificar el concepto de sugestión, presentemos, por ejemplo, una situación que cada uno de nosotros experimenta a diario. Cuando nos encontramos con una persona y nos tiende la mano sin decir palabra, por lo general respondemos tendiendo la nuestra y estrechándole la mano. Esa persona no nos pidió que extendiéramos la mano; lo único que hizo fue un gesto simple que nos influyó, dando como resultado que extendiéramos la mano y se la estrecháramos. En otras palabras, mediante la sugestión ejecutada a través de un gesto motor, se provocó nuestra conducta incluso sin que fuéramos conscientes de ello.

Otro ejemplo de sugestión: una madre le pregunta a su hijo por la mañana si quiere que le haga un sándwich con mantequilla de cacahuete o un sándwich con tortilla para la escuela, mientras que el niño en realidad quiere comer un sándwich de chocolate todos los días o no quiere llevar comida a la escuela en absoluto. O le pregunta si prefiere ponerse el abrigo azul o el rojo, mientras el niño se niega a ponerse ningún abrigo cuando hace frío afuera. O cuando uno de nosotros le concede a su interlocutor el derecho de elegir preguntándole cuándo le gustaría reunirse, hoy al mediodía o mañana por la mañana. En todas estas situaciones, se realiza una sugestión sobre el interlocutor al garantizar que no tenga otra alternativa que las dos opciones ofrecidas, y solo deba elegir entre ellas.

La sugestión puede ser negativa o positiva. Depende, en realidad, del resultado conductual, psicológico, físico y cognitivo que experimente la persona a la que se le da la sugestión.

La sugestión se emplea, por ejemplo, cuando el médico le dice a un paciente: Tome este medicamento y, si su estado no mejora en una semana, vuelva a verme. Esto, en sí mismo, es una sugestión para la falta de mejoría entre personas con un trasfondo psicosomático (mente-cuerpo), o aquellas que pertenecen al grupo de personas sugestionables o que presentan una buena disposición para la hipnosis. Se podría decir, por ejemplo: Tome este medicamento y, en una semana, dígame cuánto le ayudó. Aquí, la sugestión es de mejoría resultante de este medicamento. Por supuesto, hay situaciones en las que el factor psicológico influenciado por la sugestión es secundario frente a la enfermedad física de la que la persona padece. En este caso, la sugestión desempeña solo un papel limitado.

En este contexto, también puede explicarse el efecto de los medicamentos placebo en ciertos pacientes. Es la sugestión —y solo la sugestión— la responsable de la mejoría observada en ese grupo de personas. En muchos casos, se trata de una sugestión autoinducida inconsciente cuando se trata de placebos.

No obstante, incluso en este caso, el poder de la sugestión verbal supera la eficacia del placebo.

Se realizó un estudio entre un grupo de personas que se quejaban de ciertos síntomas físicos, y no se encontró ninguna causa médica orgánica objetivamente diagnosticada relacionada con su condición.[2] El grupo, que incluía a doscientas personas, se dividió en cuatro grupos más pequeños, y el médico comenzó el tratamiento en conjunto.

El médico le dijo a cada miembro del primer grupo:

En unos días, sentirá una mejoría. No es necesario ningún tratamiento.

A cada miembro del segundo grupo, le dijo: En unos días, sentirá una mejoría gracias al tratamiento que le daré, y le dio un placebo.

A los miembros del tercer grupo, les dijo: No tengo idea de qué le sucede, así que no le daré ningún tratamiento. Vuelva a verme en unos días si no nota cambios.

Y a los miembros del cuarto grupo, les dijo: No tengo idea de un diagnóstico, así que no sé cómo tratarlo. Vuelva a verme en unos días si no nota cambios, y les dio un placebo.

Después de dos semanas, resultó que el 64% de los miembros de los dos primeros grupos, el primero y el segundo, informaron una mejoría en su estado en comparación con el 39% de los miembros de los otros dos grupos, el tercero y el cuarto. En otras palabras, no hubo diferencia entre los dos grupos, cuyos miembros tomaron el placebo y aquellos cuyos miembros no tomaron ningún medicamento en absoluto. Esto indica que el efecto de la sugestión verbal fue más fuerte que el del placebo.

La sugestión también se aplica en la conclusión redactada por un cardiólogo en la que se afirma que no hay un problema significativo en el corazón para una persona que estaba sana hasta el examen. Esta es una sugestión negativa que implica que existe un problema en el funcionamiento del corazón (aunque no sea significativo, sigue existiendo). Puede observarse una sugestión positiva en un caso en que se hace tal afirmación a una persona que padece una enfermedad cardíaca crónica u otro problema grave en sus funciones cardíacas.

La afirmación no hay un problema significativo es una especie de sugestión que llevó al primer grupo a creer que existe un problema, mientras que el segundo grupo interpretó que no hay problema. Esta es la situación cuando un paciente es trasladado a un hospital en una ambulancia que activa su sirena. Si el paciente se encuentra en estado grave, la sirena funciona como una sugestión positiva, ya que le hace pensar que el tratamiento temporal que está recibiendo actúa rápidamente. Por el contrario, para un paciente cuya condición no es grave y que no parece estar en peligro, la sirena representa una sugestión negativa, porque indica una situación aguda que requiere tratamiento.

La sugestión también se emplea cuando escribimos en el resumen de la exploración frases como: Debe realizarse un examen urgente, o cuando le decimos al paciente—para animarlo e intentar persuadirlo de que se someta a una cirugía cardíaca importante—que hay una bomba de relojería en su pecho y que debe someterse a un cateterismo o a una cirugía a corazón abierto lo antes posible.

Imagine lo que siente un paciente que sostiene un informe médico en el que se afirma que hay una bomba de relojería en su pecho, mientras espera una cirugía cardíaca, pero la fecha programada de la cirugía es dentro de un mes u otro período breve. En efecto, existe el peligro de que el paciente no pueda soportar la espera y de que las sugestiones no intencionadas que se le han hecho lo conduzcan a resultados negativos incluso antes de la operación.

La sugestión también se utiliza cuando le decimos a un niño: No te preocupes o No tengas miedo. Al hacerlo, en realidad estamos provocando que el niño piense que debe preocuparse y tener miedo. Estas palabras pueden reemplazarse por otras, positivas, como: Eres fuerte, Tienes confianza en ti, Admiro tu valentía, y así sucesivamente.

El inconsciente no entiende la negación. Debemos dirigirnos a él en el lenguaje de la afirmación para evocar una conducta o emoción positiva.

No imaginen un perro blanco en este momento, No imaginen un gran campo de fútbol repleto de una multitud que no deja de animar al final de la Copa del Mundo. ¿Lo lograron? ¿Consiguieron no imaginarlo? Evidentemente, sí lo imaginaron—o la mayoría de ustedes lo hizo—aunque les pedí que no lo hicieran.

En general, tendemos a apoyarnos en sugestiones cuando estamos buscando lo negativo. Como si dijéramos, por ejemplo, ¿Qué te duele? en lugar de preguntar ¿Cómo estás? o Cuéntame cómo te sientes hoy. Si enfatizamos lo negativo, tendremos que identificar ese aspecto negativo—aunque sea mínimo—y nos concentraremos en él. Esto nos impide ver lo bueno o lo positivo. Por el contrario, si enfatizamos lo positivo y preguntamos por ello, aunque sea simple y pequeño, la persona se enfocará en ello y florecerá.

Las palabras tienen un poder y una influencia tremendos sobre la realidad.

El científico japonés, Masaru Emoto (1999), demostró que el lenguaje afecta al agua.[3] Usando una cámara microscópica de muy alta resolución, logró fotografiar diversas formas de cristales de agua congelada cuando reaccionan a las palabras. Por ejemplo, los cristales de agua congelada adoptan formas de copos de nieve vibrantes y deslumbrantes cuando se susurran palabras de amor al agua. Por el contrario, en agua turbia —o agua que ha estado expuesta a pensamientos negativos—aparecen formas imperfectas y asimétricas con colores muy pálidos. La música, las imágenes e incluso las palabras escritas en una página también influyen en el agua, como se refleja en la manera en que el agua responde. Emoto creía que esta respuesta podía aprovecharse para tratar a una persona y su entorno mediante una expresión deliberada de amor, buenas intenciones y diversas emociones positivas.

La sugestión llega a los estudiantes durante un examen a través del comportamiento del profesor, así como de sus miradas, de su sonrisa o su ceño fruncido, de sus suspiros, de su respiración, del tono de su voz, de su compostura o su nerviosismo. Todos estos son mensajes y sugestiones que llegan al estudiante y afectan su estado mental y emocional.

Uno de los profesores me contó que, para animar a sus alumnos a estudiar, solía decirles: El examen será muy difícil. Quien no se prepare como es debido se encontrará con grandes dificultades y puede suspender.

La intención del profesor era positiva. Quería animar a sus alumnos a estudiar y prepararse con reflexión para el examen. Como podemos ver, aquí el énfasis está en las palabras: muy difícil, no se prepare, puede suspender.

¿Qué mensaje estamos enviando al inconsciente de estos estudiantes a través de esta sugestión?

Aunque se ha argumentado que el inconsciente no entiende el lenguaje negativo —y que no se puede bromear con él—, les enviamos inadvertidamente a los estudiantes un mensaje que no es el preferible. Todo lo que puede decirse al respecto es que no basta para ayudarles a lograr los resultados requeridos.

Entonces, ¿cuál es la alternativa?

La alternativa es la siguiente:

El examen será fácil, e incluso muy fácil para los estudiantes que se preparen como es debido. Quien estudie adecuadamente tendrá éxito. ¿Disminuye esto de algún modo la motivación de los estudiantes para estudiar?

Una mujer vino a verme y se quejó de que se echa a

llorar cada vez que habla de sí misma delante de otros, ya sea ante una persona o ante un grupo. Quiero ser fuerte, dijo.

La mujer tiene poco menos de cuarenta años, es viuda desde hace más de diez años. Tiene cuatro hijos, el mayor de los cuales estudia medicina en Inglaterra tras recibir una beca por su excelencia académica y su trabajo comunitario voluntario. El segundo hijo también recibió una beca debido a su destacado rendimiento académico en una universidad estadounidense. Sus otros dos hijos son estudiantes de secundaria, ambos entre los primeros de su clase. Además, desde hace mucho tiempo se desempeña como subdirectora de sucursal en un banco de su pueblo.

A pesar de todo esto, se queja de que se echa a llorar delante de otros por tener una personalidad débil y poca confianza en sí misma. Extraño, ¿no?

Lo extraño, para quienes aún no han captado la idea, es el marcado contraste entre lo aparente y lo oculto—la brecha entre el poder de esta mujer tal como se manifiesta en su trabajo en el banco y su capacidad para criar hijos exitosos por su cuenta, y lo que siente por dentro acerca de sí misma, percibiéndose como débil.

Esta mujer se convenció repetidamente de que llorar significa debilidad y no quiere parecer ni ser débil. Cuando llorar se asocia con debilidad, es difícil romper este círculo a medida que se aprieta más. Tuve que trabajar con ella, por supuesto, en cambiar y redefinir los conceptos y patrones de pensamiento grabados en su mente, que afectaban sus emociones y la llevaban a estallar en llanto, reacción que a su vez conducía a una sensación adicional de debilidad, falta de confianza en sí misma, baja autoestima y así sucesivamente.

¿Acaso llorar significa realmente debilidad? ¿Y qué significado tienen las lágrimas que brotan después de un ataque de risa?

¿Qué inculca en su conciencia y qué se dice a sí misma antes de hablar de sí misma ante otros? ¿Qué sucede cuando llora?

Estas y otras preguntas sirven como preguntas guía destinadas a cambiar los patrones de pensamiento y las percepciones negativas que refuerzan el comportamiento que desea superar—sus arrebatos de llanto.

Junto a este trabajo, le propuse que cambiara esta auto-hipnosis negativa y la reemplazara por una positiva, inculcando nuevos pensamientos y sugestiones, como Soy fuerte y me amo en toda situación, incluso cuando lloro.

Ella eligió esa frase por sí misma después de una sesión terapéutica.

Un mes después, la mujer volvió a verme y me relató dos incidentes distintos: en uno, se enfrentó a un inspector en una oficina gubernamental, y en el otro, se enfrentó al director regional de un banco durante una reunión, tras expresar su oposición a la política del banco hacia sus clientes.

Sus amigas le dijeron que estaba cambiando.

Cuando le pregunté la razón de ese cambio, dijo: No lo sé.

Lo importante es que las sugestiones se filtraron en su inconsciente y comenzaron a propiciar cambios en sus actitudes y percepciones. Como resultado, su conducta cambió de manera natural.

Cuando examinamos el asunto y ahondamos en él desde orientaciones analíticas y dinámicas en psicología, debemos concentrarnos más en sus experiencias pasadas, su infancia, su afrontamiento de la pérdida de su esposo, los mecanismos de defensa psicológicos que operan en su interior, sus luchas internas, el papel del yo para resolverlas, etcétera.

Sin embargo, consideré que la terapia cognitivo-conductual combinada con hipnosis —basada en un cambio de autosugestiones— es el método ideal y más conciso para tratar sus arrebatos de llanto, que durante mucho tiempo habían arraigado en su conciencia la idea de que posee una personalidad débil.

Todos los días usamos el poder de la sugestión, incluso sin ser conscientes de ello, ya sea que provenga de nosotros o la recibamos de otros. No me adentraré aquí en el tema del marketing y la publicidad. Aun así, me gustaría señalar que la base fundamental de toda actividad de marketing es la sugestión, y nosotros, como consumidores, solo despertamos realmente cuando llega el extracto de la tarjeta de crédito.

Estas son, por supuesto, situaciones conocidas que encontramos a diario. La sugestión empleada con fines terapéuticos es mucho más profunda que las anteriores y debe adaptarse a los objetivos y al plan terapéutico de cada persona.

Al utilizar la sugestión durante el proceso terapéutico hipnótico, podemos cambiar actitudes, pensamientos, opiniones, sentimientos y creencias. Podemos provocar cambios tanto sensoriales como físicos. Como en toda sugestión, una persona puede aceptarla por completo, aceptar solo una parte o incluso rechazarla. Sin embargo, bajo la influencia de la hipnosis, este proceso adquiere otra forma, pues la disposición a aceptar la sugestión es mayor. Por ejemplo, una sugestión puede disminuir el nivel de dolor en alguien que se queja de dolor crónico o temporal, reducir la presión arterial en quien sufre de hipertensión y disminuir el nivel de ansiedad o miedo a algo.

La respuesta de una persona a la sugestión no es voluntaria. Por ejemplo, cuando una sugestión hace que alguien sienta que su mano está pesada, esta empieza a bajar gradualmente sin intervención por su parte, como si fuera una entidad completamente separada. En este caso, el movimiento de la mano se desconecta de la conciencia personal. También es posible reforzarla combinándola con el sentido de la vista u otros.

Por ejemplo, con la mano pesada: la respuesta de una persona será más fuerte y rápida si le decimos que su mano está atada con una pesada cadena de hierro o que sostiene una pesada bola de hierro. O, por ejemplo, para evocar entumecimiento en la mano, uno podría imaginar un trozo de nieve en la zona designada.

Las sugestiones pueden dividirse en dos tipos según la manera en que se dan. Algunas personas responden más al enfoque autoritario, el estilo imperativo y directo, como en la afirmación: Tu mano empieza a bajar ahora. Otras responden más favorablemente al estilo permisivo, facilitador y relajado (el método de Milton Erickson), por ejemplo: Simplemente deja que tu mano baje al ritmo que desee. La forma permisiva y relajada de sugestión es adecuada para ciertas personas, especialmente a quienes les resulta difícil ser hipnotizadas. En tales casos, conviene concentrarse en la acción deseada de manera indirecta; por ejemplo, en la sugestión que se da en ese momento y que no se relaciona únicamente con que la mano baje, sino también con el ritmo que la mano elige para bajar. En otras palabras, no se menciona en absoluto que la mano baje, pues no hay resistencia a ello ni lugar a discusión, solo una concentración en el ritmo de su descenso. Y así vemos que estas personas se enfocaron en un asunto secundario mientras ignoraban el objetivo principal —la caída de la mano, que, al fin y al cabo, es la meta.

Las sugestiones pueden ser indirectas e implícitas; por ejemplo, la afirmación: Intenta que tu mano no caiga rápidamente, o No sientas una relajación completa hasta que tu mano toque tu muslo. Aquí también, la atención se desplaza a otra cosa —a saber, evitar una caída rápida de la mano y concentrarse en su lento descenso, o condicionar la relajación completa a que la mano toque el muslo tras bajar. En ambos casos, sin duda, la mano caerá.

La influencia de las sugestiones está condicionada por varios factores, el más importante de los cuales es la edad. Se sabe que los niños son mucho más receptivos a la hipnosis y a la influencia de las sugestiones debido a su gran capacidad de imaginación. Hasta los 10–12 años, las sugestiones tienen una fuerza enorme, que disminuye a medida que se envejece. En general, las mujeres son más receptivas que los hombres a las sugestiones.

Las personas responden a las sugestiones en distintos niveles. Pueden clasificarse según diferentes escalas de sugestionabilidad, como la Escala de Susceptibilidad Hipnótica de Grupo Harvard (HGSHS: Escala de Susceptibilidad Hipnótica de Grupo Harvard) y la Escala de Susceptibilidad Hipnótica de Stanford (SHSS: Escala de Susceptibilidad Hipnótica de Stanford).

La mayoría de las personas son fácilmente influenciables por las sugestiones (sugestionables), pero también hay quienes tienen baja sugestionabilidad.

Las sugestiones terapéuticas se dan antes del inicio real del tratamiento —es decir, antes de que la persona entre a la sala de tratamiento—, por ejemplo, durante la llamada telefónica para programar la sesión de terapia o mientras espera su cita. Asimismo, se dan sugestiones durante la sesión para que su efecto comience tras salir de la consulta. Estas sugestiones se llaman sugestiones poshipnóticas o sugestiones futuras: Cuando regreses a tu estado 'normal' y salgas de aquí, esa maravillosa sensación de calma y serenidad seguirá acompañándote... Aparecerá cada vez que la necesites... Podrías sorprenderte de la tranquilidad y la fuerza que sentirás cuando entres al aula de examen... Una leve sonrisa puede aparecer en tu rostro cuando recibas la hoja del examen... Incluso puede que te sientas animado al mirar a los ojos de tus compañeros de clase.

Capítulo 4

El lenguaje de Erickson y su papel en la hipnosis

Milton Erickson comprendía la importancia del lenguaje para la persona y su impacto en ella. Poseía una capacidad extraordinaria para introducir a cualquiera en un estado de trance utilizando habilidades lingüísticas que activan las partes consciente, lógica y analítica —consideradas las guardianas del inconsciente del paciente— y llevarle a un estado de hipnosis completa, y posteriormente transmitir a nivel subconsciente una emoción, un pensamiento o una sugestión que le ayudara a afrontar la situación que deseaba tratar o de la cual buscaba salir.

Tipos de habilidades lingüísticas

- •**Supuestos positivos:** Esta habilidad se basa en atribuir un significado positivo a una afirmación en relación con el oyente. Por ejemplo, alguien podría decirte: Sigue disfrutando de leer estas palabras. La suposición implícita aquí es que ya las estabas disfrutando y, por lo tanto, la sensación de disfrute continuará.

- **Implantar pensamientos:** Esta habilidad se basa en transmitir pensamientos subconscientes, sugiriendo que se pueden leer los pensamientos de la otra persona. Por ejemplo, un gerente podría decirle a un empleado: Sé que harás todo lo posible por mejorar tu trabajo. Al hacerlo, el gerente implanta en el subconsciente del empleado la idea de tomar medidas para mejorar su rendimiento. Otro ejemplo: alguien le dice a un amigo: "Sé que te sientes cómodo en este lugar". Si efectivamente se siente cómodo, probablemente se sorprenderá de que su amigo lo sepa; y si no se siente a gusto, las palabras de su amigo reforzarán su sensación de comodidad. O enunciados como: "Sé que puedo contar contigo", "Estoy seguro de que te ocupas de preparar tus lecciones por tu cuenta". O, en lugar de responder "De nada" o "Con mucho gusto" cuando nos agradecen, uno podría decir: "En mi lugar, harías lo mismo", implantando así un pensamiento e invitando a una acción futura mientras prepara a la persona para una eventual reciprocidad. Todos estos son ejemplos de frases y expresiones que insinúan que alguien podría ser capaz de leer los pensamientos de otra persona, provocando así que crea en ellos y los refuerce.

- **Fomentar la posibilidad y el deseo en lugar de la necesidad:** Con esta habilidad, se guía gentilmente al deseo, de modo que la persona llegue a percibir que se origina en su interior. Por ejemplo, puedes decirle a un amigo: "Seguro que quieres acompañarme a...", o puedes decirle a tu hijo: "Veo que quieres tener éxito", "Veo que quieres hacer esto o aquello", "Veo que quieres abordar el problema", "Veo que quieres hablar delante de la clase libremente, con fluidez y con una voz segura", y así sucesivamente.
- **La asociación simple:** Mediante esta habilidad, es posible vincular dos problemas o dos ideas usando la conjunción "y". Esta conexión es entre un hecho tangible y una emoción que lo acompaña, por ejemplo: "Estás leyendo mis palabras ahora mismo, y lo estás disfrutando", o "Empiezas a desconectarte cuando ves la televisión y te sientes relajado".
- **La asociación implícita:** Con esta habilidad, conectamos una situación real

con el mensaje o la emoción que deseamos transmitir, para animar al oyente a sumergirse aún más en el estado en el que se encuentra. Por ejemplo, las afirmaciones: "Mientras estás sentado, te sientes relajado", "Cuando estés pensando en ello, la solución se te revelará", "Cuanto más continúes leyendo el artículo, más comprenderás la lección", "Mientras ves cómo el sol desaparece en el mar, sientes tranquilidad", "Cuanto más se pone el sol, más te sumerges en una maravillosa sensación de confianza y serenidad".

- **Citas:** Con esta habilidad, se puede influir en el subconsciente del oyente transmitiendo información que no se desea atribuir directamente a uno mismo y, por ello, se enuncia como si viniera de otra persona. También se puede hablar en nombre de un tercero para hacer llegar a alguien una información que le importa y le conviene. Esto se hace para que la información no venga directamente de ti, ya que podría suscitar resistencia y rechazo en tu interlocutor y dificultar que la acepte. Por ejemplo, decimos: "Mis amigos me dicen que me veo genial cuando hablo delante de todos", "Estas cosas en realidad no importan, pero mi hermano insistió en decirlas", "No estoy seguro de que esto te vaya a gustar, pero las investigaciones muestran que la ira causa muchas enfermedades graves", "Mi amigo me dijo que la hipnosis le ayudó enormemente a superar su miedo a los exámenes". No limitamos el uso de estas habilidades lingüísticas a la sala de tratamiento y a la hipnosis. Por supuesto, también pueden aplicarse en nuestra comunicación cotidiana con los demás, en el proceso educativo y en las relaciones entre padres e hijos.

- **Doble vínculo y elección entre dos:** En esta habilidad me explayaré ampliamente, dada su importancia en el proceso educativo, y no solo en él. Al usar esta habilidad, una persona recibe dos o más mensajes contradictorios, con un mensaje que niega al otro. Se crea una situación en la que una respuesta exitosa a uno de los mensajes supone fracasar respecto del otro, o viceversa. Es una manera eficaz de promocionar o transmitir una idea cuando el oyente muestra resistencia. Ejemplos: "Me pregunto si quieres ir a nadar o visitar el zoológico". En esta frase, las dos alternativas posibles quedan definidas de manera subconsciente, dejando a la persona sin opción más que elegir una de ellas. ¿Se le

> dice a un niño pequeño que empieza a mostrar una tendencia hacia la independencia: "¿Quieres ponerte la camisa blanca o la azul?" o "¿Quieres un sándwich con queso o con mermelada?" o "¿Quieres estudiar antes del almuerzo o después?" Todos estos ejemplos le presentan al niño dos alternativas (pueden incluso ser tres) que su madre ha predeterminado para él. Esta habilidad es muy importante en educación, ya que le brinda al niño la oportunidad de decidir por sí mismo, reforzando y fomentando así el desarrollo de su sentido de independencia y asumiendo la responsabilidad de su decisión dentro del marco fijado por sus padres y de acuerdo con las normas, valores y límites educativos en los que ellos creen.

Por supuesto, es posible usar este doble vínculo en todas las etapas de la vida y en cualquier situación de la vida cotidiana, en la sociedad y en la escuela. Claro, puedes pasar la noche fuera, pero dime a qué hora volverás—¿a las diez o a las once? (es decir, estoy de acuerdo en que salgas por la noche, pero yo fijaré la hora límite a la que debes estar en casa), o ¿Con qué asignatura prefieres empezar a estudiar — matemáticas o física? (es decir, tú elegirás con qué asignatura empezar, pero no hay discusión sobre la necesidad de estudiar), y así sucesivamente.

En este contexto, recuerdo que una amiga de mi hijita quería pasar la noche en nuestra casa. Como su padre no estaba de acuerdo con que su hija durmiera fuera de casa —y ella era consciente de ello—, me preguntó cómo podía convencerlo. Lo llamó por teléfono y dijo: "Papá, esta noche me quedo a dormir en casa de Saosan. ¿A qué hora te viene bien venir a recogerme por la mañana? ¿A las nueve o a las diez?" Para su padre, aquella estrategia lo tomó completamente desprevenido, dejándolo sin alternativa. La cuestión no era tanto que ella pasara la noche fuera como la hora de la mañana a la que él vendría a recogerla. Por supuesto, él se apresuró a responder, y ella rió y saltó de alegría mientras colgaba el auricular.

Para entrar en hipnosis, es posible presentar dos alternativas, especialmente a quienes muestran resistencia o dificultad para entrar en ella: Puedes entrar en hipnosis rápida o lentamente o con los ojos cerrados o abiertos... No hay duda de que la persona está por entrar en hipnosis; la única pregunta es cómo, y eso es lo que decide en función de las alternativas fijadas por el terapeuta.

Este método se utiliza a menudo en el marketing telefónico. Suena el teléfono y, al otro lado, se oye la voz del vendedor:

—Hola, hola, ¿tiene un minuto?

—Sí.

—¿Cómo está, señor? Felicidades, ha ganado un obsequio de la Compañía X. Nos gustaría enviárselo.

Dígame, por favor, ¿qué tipo de tarjeta de crédito tiene —Visa o MasterCard?

Por lo general, se da una respuesta inmediata sobre el tipo de tarjeta de crédito, ya que el vendedor ha limitado las opciones. Y a partir de ese punto, comienzan a suceder las cosas...

Capítulo 5

Hipnosis y manejo del dolor

La función del dolor es servir de advertencia ante alguna forma de daño o un problema físico que aún no ha sido detectado. Cuando una persona siente dolor, es señal de que hay un problema que requiere tratamiento. El organismo cuenta con sus propios mecanismos de autocuración para estas situaciones, ya que segrega sustancias químicas llamadas opioides para reducir el dolor. En las farmacias, muchos medicamentos cumplen precisamente esta función.

Abordar el tratamiento del dolor crónico mediante la hipnosis implica varios aspectos, y hay que considerar los componentes de la personalidad del paciente —sus rasgos, necesidades y motivos—.

Puede decirse que, en cierto sentido, el dolor representa una pérdida de control, pues la persona se siente incapaz de controlar su cuerpo. La hipnosis ayuda al paciente a fortalecer el control tanto sobre su cuerpo como sobre el dolor. Además, la hipnosis abre horizontes a distintas formas y posibilidades de tratar el dolor, afrontarlo y cambiar la actitud hacia él. Sin embargo, antes de cualquier intervención para reducir el dolor mediante hipnosis, deben realizarse exámenes médicos esenciales para determinar en primer lugar sus causas subyacentes. Si se descartan causas orgánicas, la hipnosis puede desempeñar un papel central en el manejo del dolor por parte del paciente. Pero incluso en los casos en que se encuentran causas orgánicas, la hipnosis puede ayudar a acelerar y optimizar el tratamiento convencional.

El cerebro libera una sustancia química llamada endorfina. Esta sustancia, similar a la morfina pero desprovista de efectos secundarios adictivos, es responsable de disminuir el dolor. Su capacidad para eliminar el dolor incluso supera la de la morfina y constituye una parte importante de los mecanismos de defensa del cerebro frente al estrés, la ansiedad y la agitación. La secreción de esta sustancia afecta profundamente las emociones y la conducta, lo que explica la sensación de calma que experimenta una persona bajo hipnosis, ya que su liberación aumenta durante el proceso. También explica por qué las personas cuyos cerebros secretan mayores cantidades de endorfina pueden soportar mejor el dolor que aquellas cuyos cerebros resisten la secreción de esta sustancia.

El tipo de estrategia empleada para controlar el dolor está determinado en gran medida por la personalidad del sujeto hipnotizado y su disposición a ser hipnotizado, así como por la personalidad del hipnotizador y su capacidad para seleccionar el método de hipnosis apropiado. La hipnosis también se emplea en el tratamiento de personas que padecen dolor crónico de espalda y para aliviar las contracciones uterinas durante el parto—especialmente en sus etapas iniciales—sin recurrir a analgésicos o sustancias anestésicas. En la segunda etapa del parto, solo se usan analgésicos leves según el estado de la madre y el grado de su confianza en la sugestión.

Una de las razones por las cuales una mujer acepta la hipnosis durante el parto es saber que permanecerá consciente de lo que ocurre y será una participante activa en el nacimiento—sobre todo porque la mayoría de las madres temen los efectos de los agentes anestésicos en el recién nacido. Además, las mujeres se han vuelto más conscientes de los métodos para controlar las contracciones del parto, así como también del uso de la autosugestión a través de la respiración rítmica, regular y profunda para desviar la atención de la madre del dolor y redirigir sus pensamientos hacia la respiración y el conteo. Esto hace que la sensación de dolor desaparezca y acorta el intervalo entre cada etapa del parto, ya que el inicio de cada contracción sirve como señal para que logre una relajación hipnótica profunda y el final de cada contracción la saque de ese estado.

Capítulo 6

Métodos para tratar el dolor mediante la hipnosis

Hay varias maneras de tratar el dolor con hipnosis. Por ejemplo, se puede retirar el dolor del cuerpo o separarlo del cuerpo y percibirlo como una entidad independiente que no está conectada a la forma humana. Esto también puede lograrse anestesiando otra zona del cuerpo—por ejemplo, la palma de la mano—y luego inducir al paciente, mediante sugestión, a transferir el entumecimiento al área del dolor y adormecerla gradualmente.

En hipnosis, también se puede trabajar con metáforas o imágenes que el paciente atribuye al dolor.

La metáfora

La metáfora es una herramienta simbólica de comunicación, una especie de pintura en el lenguaje que ayuda a develar procesos psicológicos ocultos. Transforma la ansiedad de un lenguaje ilógico en imágenes con las que se puede lidiar más fácilmente sin tener que pedir permiso a la razón. Por lo tanto, permite reformular la historia.

Dado que lo que nos decimos después de un acontecimiento es lo que nos afecta—no el acontecimiento en sí—, el paciente puede, a través de la metáfora, reconstruir la experiencia de un modo nuevo o volver a contar la historia de otra manera.

A menudo usamos metáforas en nuestras conversaciones cotidianas cuando intentamos explicar algo. Por ejemplo, decimos te amo hasta el cielo para describir una emoción positiva de amor inmenso por una persona querida, o estoy volando de felicidad para describir la alegría. Pero también decimos cuchillos me están cortando el estómago en pedazos para retratar una sensación negativa de dolor de estómago, o martillos están golpeando en mi cabeza para describir un dolor de cabeza, una gran piedra está posada sobre mi corazón para representar un estado de presión o dificultad para respirar, o fuego brota de mis ojos para expresar ira, irritabilidad o un fuerte aumento de la temperatura corporal.

También puede usarse la metáfora como una herramienta terapéutica eficaz, pues al emplear la descripción proporcionada por el paciente es posible influir en los procesos psicológicos y neuropsicológicos que está experimentando y, a través de ellos, afectar su subconsciente. Este proceso proporciona herramientas que ayudan a la persona a superar su problema.

Según Erickson, los propios síntomas y quejas psicosomáticos son una metáfora que expresa un cambio que se ha producido en la vida de una persona. Así, la comunicación mediante metáforas puede ayudar al individuo a definir mejor el curso de ese cambio.

En estado hipnótico, la metáfora ejerce un gran poder y tiene un profundo impacto en la condición del paciente, contribuyendo de manera significativa a acortar el período de tratamiento. La terapia mediante metáfora se lleva a cabo apelando al mundo del subconsciente, que influye en la mente consciente y en otros procesos psicológicos de forma directa y sin esfuerzo, como los mecanismos de defensa y las resistencias que pueden surgir durante la psicoterapia convencional. Y eso es precisamente lo que le confiere su poder. Además, los estudios en el campo del sistema nervioso indican que la metáfora activa el lado derecho del cerebro, que procesa la información de manera sincronizada y no lógica mediante imágenes, símbolos e indicios. En cambio, el lenguaje de la ansiedad, utilizado por quienes se quejan de dolor, activa el lado izquierdo del cerebro, que procesa la información de forma lineal, sistemática, lógica, resolutiva y orientada a metas.

Dos de las historias de este libro abordan el tratamiento mediante la metáfora, y aquí presentaré también algunos ejemplos breves.

Le basta a una persona que siente cuchillos en el estómago cerrar los ojos e imaginar esos cuchillos, contarlos, describir su brillo, su color, la profundidad con que penetran en su estómago, y así sucesivamente, y luego imaginar con precisión cómo se extraen esos cuchillos de su estómago y los modos que utiliza para sacarlos. Este proceso debe llevarse a cabo lentamente, silenciosamente y gradualmente.

Durante uno de los talleres en los que practicábamos hipnosis, me asignaron la tarea de tratar a un colega que sufría un dolor intenso en el hombro. Una vez que entró en un estado de trance, le pedí que me describiera ese dolor. Me dijo que el dolor era como un fuego que se originaba en su hombro y se extendía a la parte superior de su espalda y a su cuello. Cuando le pregunté qué se necesitaba para apagar el fuego, respondió:

—Solo un Supertanker pequeño puede apagarlo — (esto fue apenas unos días después de que los incendios se extendieron por el Monte Carmelo—una situación que obligó a las autoridades a solicitar ayuda internacional y, entre otras cosas, se envió un enorme avión estadounidense Supertanker, que recibió una amplia cobertura mediática).

Lo único que se requería tanto de él como de mí, mientras estaba en estado hipnótico, era convocar un pequeño avión Supertanker y activarlo para que pudiera rociar la potente sustancia traída especialmente para apagar el fuego que se había extendido por su hombro, la parte superior de su espalda y su cuello.

—Aquí viene el avión Supertanker desde lejos, acercándose en silencio, y se ve cada vez más grande a medida que se aproxima... se acerca más y más... y aquí está, justo sobre el objetivo... aquí está sobre tu hombro, la parte superior de tu espalda y tu cuello... rocía una sustancia especial y refrescante que fue traída únicamente para apagar el fuego que se está extendiendo sobre tu espalda... tu hombro... tu cuello... Aquí está la sustancia que no solo apaga el fuego, sino que además energiza el cuerpo al tocarlo... el fuego empieza a amainar lentamente... el avión rocía la reserva restante de la sustancia especial que transporta... una sustancia que desciende desde el aire y se dispersa dentro de ti, con gotas que alcanzan tu hombro, tu espalda... tu cuello... todo tu cuerpo... el fuego disminuye más y más, y el cuerpo se siente cada vez más alerta y renovado... el avión completa su tarea... se aleja lentamente... se eleva en el aire y se va retirando... a medida que se eleva y se hace más pequeño, la sensación de calma y bienestar en tu cuerpo se hace más fuerte... una sensación agradable y refrescante se va extendiendo poco a poco por tu cuerpo...

Así, durante dos o tres rondas, el avión roció la sustancia refrescante hasta que por fin se extinguió el fuego y el dolor desapareció.

Otro caso: una mujer treintañera padecía de bajo peso. Pesaba menos de cuarenta kilogramos, y todos sus intentos por aumentar de peso no dieron resultado. Se hicieron exhaustivos exámenes médicos generales que mostraron que estaba sana y descartaron cualquier razón médica para su condición de bajo peso. Los suplementos nutricionales, las diversas vitaminas que tomaba y sus prácticas dietéticas especiales no ayudaron, y su peso no aumentó. Su sueño era alcanzar un peso de cuarenta y seis kilogramos.

Al comienzo de la primera sesión terapéutica, le pregunté por qué el cuerpo (cualquier cuerpo, no específicamente el suyo) no lograba aumentar de peso. Le pedí que me describiera la razón usando alguna imagen o metáfora, y dijo:

—Mi estómago es pequeño, muy pequeño. No tiene lugar para una cantidad de comida suficiente como para subir de peso. Es como el estómago de un niño pequeño.

Durante la hipnosis, y después de que entrara en un estado de trance profundo, le dije:

—... cuando estás en este estado, seguramente comprendes lo importantes que son el amor, la calidez y la compasión—cualidades que se otorgan a un niño para que pueda crecer y desarrollarse... Los estudios han demostrado que la calidez emocional, que incluye el tacto, las caricias y los abrazos, es esencial para la construcción del sistema nervioso y del cerebro...

—Los abrazos, el amor y el calor son elementos centrales y condiciones básicas para que un niño crezca y se desarrolle... para que crezca y se desarrolle... Cuanto más el padre y la madre abrazan a su hijo y le expresan su amor, mejor se desarrollará y crecerá más sano... Los abrazos, el calor y el amor son los cimientos más importantes para todo ser vivo, ya sea un niño, un animal o incluso una planta... Dicen que cuando una persona abraza una planta y le transfiere energía desde sus manos, se acelera su crecimiento y su florecimiento... Puesto que esto afecta a todos ellos, quizá te sorprenda saber que el calor que proporcionas a tu estómago lo agrandará... hará que crezca, se expanda y florezca... igual que con un niño pequeño, así es tu estómago, que se asemeja al estómago de un niño pequeño... Si le hablas, posas tus manos sobre él, cierras los ojos y le prodigas amor y calor, se abrirá y se expandirá... se desarrollará y se sentirá seguro... y crecerá... tal como ocurre con los niños... también tu estómago—como el de un niño pequeño—crecerá. Ambos son pequeños, y ambos crecen y se desarrollan gracias al amor, al calor, a las caricias y a los abrazos... El amor trae crecimiento, el calor despierta una sensación de seguridad, y un abrazo conduce a la expansión y al crecimiento... del estómago, del niño, de las plantas, de los animalitos acurrucados en los brazos de sus madres en busca de leche, calor y seguridad...

Todos usamos metáforas para describir y podemos usarlas para tratar el dolor, el miedo o diversos estados de ansiedad.

Durante la hipnosis, cesan los martillos que golpean en la cabeza, se retiran los cuchillos que cortan el estómago y se quita la piedra que pesa sobre el corazón o la espalda.

Traté a un niño que sufría de alopecia, una afección que provoca la caída del cabello en ciertas zonas de la cabeza y la formación de parches calvos.

Entre los métodos que empleé durante el tratamiento hipnoterapéutico, incluí la metáfora y la imaginería. Después de recordar juntos cómo funciona el sistema inmunitario en el cuerpo y cómo los glóbulos blancos atacan a los microbios y otros invasores extraños que se infiltran en el cuerpo, lo induje a un estado de hipnosis y mantuve con él la siguiente conversación:

—Concéntrate en el cuero cabelludo y dime qué ves allí.

—Veo ejércitos formados... todos portando armas similares... el mismo uniforme y el mismo color... todos en una sola línea, listos para defender y repeler cualquier ataque.

—Bien, ¿están estos ejércitos desplegados por todas las zonas de tu cabeza?

—Para nada...

—Descríbeme qué está ocurriendo...

—Hay ciertas zonas donde no veo ejércitos... Veo a varios soldados heridos tendidos en el suelo... enormes cantidades de microbios devorando todo a su paso... han arrasado todo lo que se les ponía delante...

—¿Entonces qué hacemos ahora? Hay ejércitos fuertes... armados... formados... preparándose para defender... y cerca, en ciertas zonas, hay un asalto de microbios que devoran todo lo que encuentran...

—Pediré ayuda y dirigiré algunos de los ejércitos a esas zonas...

—Puedes desplegar todos los ejércitos necesarios hacia esas zonas. Sabes que el ataque también es importante para la defensa... es esencial proteger las zonas sanas que quedan...

Mediante la hipnosis y según mis indicaciones, el niño empezó a dirigir el número necesario de soldados a las zonas descritas como lo comido, lo conquistado, lo quemado, lo cercenado, lo calvo. Se entabló una batalla feroz, con muchas bajas de soldados, pero en el proceso, todos los microbios fueron neutralizados. El niño sonrió al describir cómo los microbios gritaban mientras caían, y cómo los soldados perseguían mientras los microbios huían por sus vidas. Dos sesiones de combates intensos y guerra encarnizada concluyeron con la erradicación de todos los microbios, seguidas de una búsqueda minuciosa y una limpieza exhaustiva de cada zona para asegurarse de que no quedara ningún enemigo externo en la cabeza.

Tras dos semanas de practicar autohipnosis en casa, ya comenzaba a crecer pelo en las zonas calvas.

La hipnosis ha tenido gran éxito en mejorar conductas y transformar muchos malos hábitos, en tratar la obesidad causada por comer en exceso, y en manejar el insomnio mediante entrenamiento de relajación profunda y una inmersión tranquila y apacible en un sueño nocturno reparador. La auto-hipnosis es el camino hacia un sueño nocturno regular—es el umbral del sueño, guiando la mente de Beta a Alfa, luego a Theta y, por último, a Delta, que es el sueño.

La hipnosis es también una de las formas de entrenamiento mental, y por ello tiene el potencial de potenciar las habilidades atléticas; de hecho, puede ayudar a los deportistas a alcanzar un estado de relajación durante la competición así como a controlar las sensaciones de ansiedad y gestionar el esfuerzo. Además, ayuda a los deportistas a afrontar desafíos personales que podrían afectar negativamente su rendimiento. La hipnosis también ayuda a enfocar la conciencia corporal, elevar su nivel y aliviar la intensidad del dolor.

Muchos entrenadores han empleado con éxito la hipnosis como medio para animar a sus jugadores a creer en sus victorias y visualizarlas en las competiciones, aliviando así la ansiedad y la tensión que habían experimentado de antemano. Las investigaciones muestran que el entrenamiento mediante visualización activa las mismas áreas del cerebro que el entrenamiento físico y, en efecto, las imágenes constituyen un entrenamiento mental que mejora el rendimiento.[4] Esto ha convertido a la hipnosis en un método exitoso y una herramienta que ayuda a asegurar la victoria en diversas modalidades deportivas. La razón es que todas las actividades físicas son, en esencia, mentales. Además, el rendimiento de un deportista será mejor si comprende su objetivo, cree en su capacidad para alcanzarlo y lo visualiza, puesto que el cuerpo hace todo lo que se le pide, siempre que la petición sea razonable.

El deportista lleva su personalidad a la competición y, a sus ojos, no solo cuenta como victoria la derrota del rival, sino también su propio sentimiento interior de triunfo. Cuando un jugador practica la autohipnosis, entra en un estado de concentración completa que crea un canal de comunicación entre el cerebro y los movimientos del cuerpo, logrando así un alto nivel de destreza y autoconfianza durante toda la competición.

La hipnosis contribuye a estimular el proceso de aprendizaje en los estudiantes enseñándoles maneras de aprovechar el potencial intelectual que llevan dentro y, más tarde, también su creatividad. Se utiliza para superar obstáculos que impiden el progreso, como diversos estados de miedo y sentimientos de baja confianza en sí mismos. Antes de los exámenes, los estudiantes pueden sentir miedo al fracaso, lo que provoca que algunos experimenten un bloqueo mental completo, especialmente en la víspera del examen o durante este. La atención focalizada ayuda a asimilar, modificar y recuperar información. La hipnosis logra fortalecer la sensación de calma y la concentración, contribuyendo así a un proceso de aprendizaje mejorado. Esto también es cierto en el aprendizaje de idiomas, ya que ayuda a una persona a recordar una lengua que dominó perfectamente en su juventud pero que luego olvidó, ayudando así a recuperar información perdida y devolverla a la vida—una diferencia que distingue claramente el éxito del fracaso en cualquier empeño educativo.

La hipnosis se utiliza para ayudar a romper hábitos

dañinos, como fumar y beber bebidas alcohólicas, y para tratar enfermedades orgánicas como la hipertensión, especialmente en mujeres; alivia dolores reumáticos, dolores articulares, dolores de muelas, cólicos menstruales, dolores de parto y úlceras. Ayuda a soportar el dolor insoportable de las quemaduras y a prevenir las migrañas. La hipnosis se ha aplicado con éxito en el tratamiento de afecciones como la ansiedad nocturna, la enuresis nocturna involuntaria, la pérdida de apetito y el apetito excesivo. También arroja resultados positivos en varios trastornos—por ejemplo, retrasos del habla, tartamudez, la recuperación de la voz tras su pérdida, morderse las uñas, y más.

Capítulo 7

Trance e hipnosis

El trance es uno de los estados de la hipnosis y una de sus etapas. Es un estado de conciencia que dirige la atención hacia adentro, hacia los pensamientos y los sentimientos. Es un estado de alerta y de enfoque en el mundo interior de la persona. Cuando alguien está en trance, permanece alerta y consciente de sí. En la vida cotidiana, la atención se dirige ya al mundo interior, ya al mundo exterior que nos rodea, pasando a menudo de un estado a otro en sucesión.

El trance se nos presenta a todos cada día, no solo en la sala de tratamiento. Es un estado de hipnosis en vigilia que experimentamos en todas partes: en el trabajo, al conducir, durante una comida, al nadar durante largos periodos en el mar o en una piscina, en conversaciones con amigos, en citas e incluso en clubes nocturnos.

A veces es difícil distinguir entre el trance y un estado natural y ordinario de relajación y calma. Muchas personas pueden estar en trance sin siquiera darse cuenta. ¿Quién de ustedes, por ejemplo, no se ha visto tan absorto en una película o una competición que se desconectó del mundo que le rodea? ¿Quién de ustedes no se ha sumergido en una conversación fascinante y placentera con alguien —a veces durante horas— sin ver más que rostros animados, perdiendo la noción del tiempo? ¿Quién de ustedes no se ha sentado en un lugar tranquilo, hermoso y romántico mientras sus pensamientos se iban muy lejos?

Todos estamos muy familiarizados con el trance, ya que es un estado en el que uno se sumerge con regularidad en la vida diaria. Y, sin embargo, se sale de él, solo para volver a él de inmediato. Al viajar en un trayecto largo, uno está en trance en muchas partes del camino, dejándose llevar por ensoñaciones.

Dado que el trance es un estado rico y activo —e incluso permite una conexión con el inconsciente para propiciar el cambio— alcanzarlo constituye un elemento fundamental y un primer paso para transmitir mensajes terapéuticos positivos y trabajar hacia la meta terapéutica por la cual el paciente buscó tratamiento.

El proceso de crear trance es sumamente importante, ya que sin él no se llegará al subconsciente. El hipnotizador desvía la atención de la mente consciente y la ocupa para poder penetrar en el cerebro, el inconsciente.

Parte Dos

Historias del consultorio de hipnosis

Capítulo 8

La Señora

Afrontar la pérdida

Ella aún no había nacido cuando a su madre le diagnosticaron esa enfermedad cuyo innombrable—cáncer.

De hecho, su madre aún no se había casado cuando le diagnosticaron esa enfermedad.

Su madre todavía era una niña cuando la enfermedad la atacó, y nadie esperaba que se recuperara.

Decían que moriría antes de llegar a la edad adulta, pero siguió viviendo y alcanzó la madurez.

Decían que nunca podría tener hijos, pero se casó y tuvo hijos.

Decían que moriría y dejaría huérfanos a sus hijos pequeños—como si fuera ella quien da la vida, causa la muerte y deja huérfanos a los niños—, pero fue bendecida con nietos.

Decían que no llegaría a los cuarenta, y sin embargo celebró su octogésimo tercer cumpleaños.

Y entonces murió.

Ella es La señora.

Su madre estuvo hospitalizada durante seis días, en los cuales su ánimo no flaqueó y la sonrisa no se apartó de sus labios.

Miriam pasó seis días al lado de su madre en el hospital. La madre sabía que, al final, moriría, y la hija no lo dudaba. Sin embargo, el estrecho vínculo entre ellas—la conexión mutua, simbiótica—les impedía comprenderlo del todo, o más bien, aceptar su muerte inminente. El corazón era más fuerte que la mente y, por el amor y la devoción que se tenían, luchaban para que ella viviera por siempre.

Miriam no alcanzó a captar del todo lo que ocurrió en el momento en que su madre abrió los ojos y la miró durante unos segundos con una mirada extraña, desconocida; luego suspiró hondo y se quedó dormida.

En su mirada había una pena entremezclada con un mensaje silencioso, y se despidió.

Un pitido agudo emanaba de la pantalla que colgaba sobre su cabeza, en cuyo centro se veía una línea roja, horizontal y estable. Con el tiempo, el mar se calmó, y amainaron las olas tempestuosas que subían y bajaban en armonía —aunque con una fuerza y una velocidad que superaban los ciento veinte pulsos de ola por minuto.

—Quizá haya llegado a su destino y se haya detenido a descansar— se susurró a sí misma.

No oyó respuesta. Un silencio extraño impregnó la habitación. Veía a las enfermeras y a los médicos atendiendo a su madre, con la boca abierta mientras conversaban entre sí, pero no oía nada. De pronto, no supo si era ella quien había entregado su propio espíritu, o si era el alma de su madre la que había alzado el vuelo.

Flotaba en el aire, mirando, observando, siguiendo cada movimiento, y aun así no oía nada y no podía tocar nada ni comunicarse con nadie. Abrió la boca para gritar, pero no salió sonido. Nadie se fijó en ella. Todos estaban ocupados con un cuerpo completo al que no le faltaba nada—aplicando un desfibrilador en el pecho una vez, dos, tres veces... Se dio cuenta de que había ocurrido algo, de que su madre había muerto, y sin embargo no entendía qué significaba realmente esa muerte. ¿Así es como muere la gente?

Era la primera vez que veía morir a alguien, y no podía procesarlo. El cuerpo tendido ante ella estaba intacto. No había cambio en su madre. Cierto, su cuerpo estaba algo frío, y su piel otrora hermosa se había puesto amarilla, pero eso es normal en un estado de inmovilidad, intentó convencerse. Su cabeza, su cabello, sus ojos... sí, sus ojos estaban cerrados, pero seguían en su sitio, como su boca, sus manos, sus pies. En resumen, todo en ella, más o menos.

¿Qué significa murió? ¿Acaso el rugido de la tormenta en la pantalla significa muerte? ¿Debe la vida, en todos sus aspectos, estar bulliciosa y ruidosa para demostrar que está viva y respira?

¿El silencio significa muerte?

Incontables preguntas cruzaban a toda prisa por su mente —preguntas que desde hacía mucho la preocupaban—, y no encontraba respuesta a ninguna.

Todo lo que sabía era que La señora había partido de la vida en ese mismo instante.

Fue en febrero, exactamente hace ocho meses.

Miriam se puso sus mejores ropas para el funeral —un vestido negro bordado con diversos motivos florales en blanco y rojo, zapatos negros de tacón medio, y un pañuelo marrón, primaveral, que le cubría el cabello negro, del que habían asomado algunas hebras blancas.

Habían pasado dos meses desde la última vez que se tiñó el cabello, y ya tocaba ir a la peluquería; sin embargo, ese mismo día estaba atendiendo a su madre en la cama del hospital y ni se atrevió a pensarlo. La idea no le parecía correcta, y quizá temía el cargo de conciencia. ¿Cómo iba a dejar a su madre, que luchaba por su vida, para ir a la peluquería y pasar horas tiñéndose el cabello para parecer más joven? Y quizá, mientras estuviera sentada en la silla del peluquero, en ese asiento de cuero negro, hojeando revistas o conversando con otras clientas, el alma de su madre podría partir. ¿Cómo sería recordada en el futuro? ¿Qué dirá cuando le pregunten dónde estaba cuando...?

¿Respondería: Cuando mi madre murió, yo estaba en la peluquería?

¡Ay, soñar tales horrores!

¡Cuando mi madre murió, yo estaba a su lado, sosteniéndole la mano!

De eso querría sentirse orgullosa—ante todo de sí misma—cuando recordara el momento de la despedida de su madre.

Al día siguiente, se sonrió a sí misma y a los demás, cumpliendo así los últimos deseos de su madre, y aceptó con calma la presencia de los dolientes y de quienes derramaban lágrimas sinceras y silenciosas. Como si el duelo se hubiera transformado en una alegría oscura, pidió a los visitantes que respetaran el reposo y dijo que quien deseara llorar lo hiciera en silencio, sin gritos, sin elogios fúnebres, sin arrancarse el cabello y sin pena fingida.

Miradas de asombro se dirigieron hacia ella desde la gente que la rodeaba. Algunos la describieron como loca, mientras otros afirmaban que era descarada y desvergonzada.

Miriam tiene una maestría en trabajo social y está haciendo el doctorado, decidida a seguir los pasos de su madre y ser como ella.

Está casada y tiene un hijo. Pese a las presiones de quienes la rodeaban —esos que se preocupaban por su bienestar pero la abandonaban en tiempos de crisis—, se mantuvo firme en su decisión de tener un solo hijo.

No sé mucho sobre su marido. Para ser justo y preciso, no sé nada de él. Nunca se le mencionó en mis conversaciones con ella, y no sé a qué se dedica, cuál es su nivel educativo, cuántos años tiene... Todo lo que sé es que se llama Roni.

Parece que estaba presente de manera intermitente en su vida. Consideré que no había necesidad de ahondar en estos detalles en la etapa inicial del tratamiento; más bien, entendí que había una necesidad urgente de abordar directamente el asunto candente por el que había venido a mi consulta. Por lo tanto, decidí posponer la conversación sobre su relación con su marido y el motivo de su ausencia para un momento posterior, si surgía la necesidad y si Miriam estaba de acuerdo.

Si retrocedemos un poco, encontramos que cuando Miriam cumplió quince años, se dio cuenta de que su madre aún existía porque no estaba muerta, todavía no. Cada momento podía ser fatal, y cada día podía ser el último. Sin embargo, el sol seguía brillando para ambas cada mañana, y la sonrisa seguía expandiéndose por sus rostros cada vez que se encontraban.

Era una sonrisa que ambas entendían y que significaba tanto para ellas, aunque nunca la proclamaron en público, ni siquiera una sola vez.

Era la sonrisa de la victoria sobre la muerte.

Ambas sentían la vida en cada minuto, y aunque nunca se dijo explícitamente, ninguna daba por sentado que el mañana llegaría, especialmente para La señora, a quien los médicos habían estimado que viviría, como mucho, hasta los cuarenta años.

Cada momento después de los cuarenta fue un regalo para ellas.

Cada encuentro entre ellas se sentía como el primero tras una larga ausencia, y cada despedida parecía la última.

Así pasaron cuarenta y tres años, miles de encuentros y miles de regalos.

Finalmente, La señora murió, como solía llamar Miriam a su madre.

Y se quedó sola.

A pesar de los que la rodeaban, aquellos que se preocupaban por su bienestar, pero la abandonaban en tiempos de angustia.

Cuando escucho la historia de Miriam, me hundo en mi memoria.

Tenía unos seis o siete años cuando empezaron a aparecer pensamientos y temores sobre la muerte de mi madre.

Éramos diez en casa—hermanos y hermanas—y una madre que hacía todo lo que estaba al alcance de su mano para que viviéramos y siguiéramos respirando y, no menos importante, para que respiráramos con dignidad.

Quedó viuda en la treintena, joven y hermosa.

Nunca volvió a casarse y dedicó el resto de su vida—unos cincuenta años—a sus hijos que se convirtieron todos en padres, y algunos incluso en abuelos. Mamá siempre nos recordaba los consejos de nuestro difunto padre, sus buenas cualidades y el plan prefijado para cada uno de nosotros, y trabajó duro para ver esos planes hacerse realidad.

¡Y lo logró!

No era en absoluto una carga fácil para una viuda, enfrentada a las miradas y actitudes de una sociedad tradicional, manteniendo a una familia numerosa, sumida en las preocupaciones y las deudas, y al mismo tiempo sosteniendo un inmenso respeto por sí misma.

Yo era de los menores, y naturalmente mis hermanos mayores ya habían pasado por los desafíos de crecer. La adolescencia nunca es fácil, y ciertamente no lo fue para mi madre, que no sabía leer ni escribir ni cómo buscar orientación psicológica, y aun así siguió los dictados de su corazón y su amor por nosotros.

En los momentos en que sentía que ya no podía soportar la carga de la responsabilidad de criar a sus diez hijos en casa, lloraba, sola... Y yo temía que no resistiera, que nos abandonara y se desvaneciera, y sin embargo no dejó pasar ni un momento sin estar por completo con nosotros, con todos nosotros.

No hubo fiesta que no pasara sin que el aroma de galletas rellenas de dátiles impregnara la casa.

No hubo fiesta que pasara sin que ciertos pensamientos y temores se filtraran en mi propio ser. Miraba a mi madre mientras preparaba las galletas, llorando en silencio, porque estaba convencido de que para la siguiente fiesta ya no las hornearía, porque moriría.

Sin embargo, permaneció con nosotros hasta que yo cumplí cincuenta, y ella tenía ochenta.

Fue un regalo para mí durante casi cuarenta y cinco años.

Y, sin embargo, el niño que había en mí siguió teniendo siete.

Miriam estaba en la institución, llevando a cabo una sesión terapéutica con los padres de un niño que necesitaba cuidados especiales. Recientemente, los padres habían recibido un aviso de la Unidad de Desarrollo Infantil de que su hijo de tres años padecía una grave discapacidad intelectual y de desarrollo. Por lo tanto, fue derivado, a través del organismo, a un centro de tratamiento rehabilitador especializado en este campo.

Era su tercer encuentro con los padres y el primero con el propio niño, que yacía en su cochecito—un niño descuidado cuyo cuerpo no correspondía a su edad, de piel tostada y ojos grandes. Miriam miró fijamente sus ojos brillantes y vio luz y vida; miró a los ojos de su madre y vio miedo y pena; miró a los ojos de su padre y lo único que vio fue silencio e impotencia.

¿Qué será de este niño cuando crezca? ¿Cómo vivirá su vida? ¿Morirá?

Dios, el Único, tiene todo en sus manos, mujer, dijo

el hombre a su esposa mientras alzaban las manos al cielo, apretando un rosario de noventa y nueve cuentas.

En efecto, así es... se susurró la mujer, vivirá con dignidad, se casará y tendrá hijos, y ellos crecerán para amarlo —pensó. Esa era su esperanza.

Miriam procuró irradiar optimismo ante los ojos de su madre, consciente de que podía morirse de pena si se permitía imaginar el destino que aguardaba a su hijo en una sociedad que muestra una comprensión insuficiente hacia las personas con necesidades especiales y que a veces incluso las considera objeto de burla y exclusión.

Si bien la actitud de la sociedad hacia las personas con discapacidades ya no es la de antaño, y pese al cambio positivo que se ha producido, la situación sigue siendo sombría —muy sombría incluso— para varios grupos sociales, especialmente entre la población rural.

Esta madre, una mujer sencilla, de educación básica y corazón cálido y amoroso, no sabía nada del tema. Solo conocía la historia de aquella niña cuyos padres la habían recluido en una habitación dentro de la casa durante años. Quizá lo hicieron por amor, para protegerla o para evitar la deshonra. Había sido muchos años antes — veinte o más.

—Eso es todo lo que sé sobre los niños con discapacidad —le dijo a Miriam. —La imagen de esa niña no me abandona, y a veces esa pobre alma aparece en mis sueños. Que Dios los sane a todos, pobres almas...

Sin embargo, aquella madre también sabía que tal encierro forzado no alcanzó ninguno de sus propósitos.

Porque la deshonra era conocida por todos, y el amor destructivo de los padres no podía ni ayudarla ni protegerla de una muerte temprana. Y, en efecto, murió joven, en los albores de su juventud. La madre recordaba que fue el cortejo fúnebre más pequeño que había visto. El padre de la niña llevaba en brazos el cuerpo de su hija, envuelto en blanco, en lugar de un ataúd. Unos pocos parientes y amigos —no más de dos puñados— se unieron a él.

Sonó el móvil de Miriam, y el número de su madre apareció en la pantalla. Se le heló el pulso, pues su madre jamás la molestaba durante el trabajo salvo por algo esencial. Se disculpó con sus clientes y contestó. Del otro lado llegó la voz de su hermano pequeño. El corazón se le aceleró, y sintió que lo que más temía se estaba materializando ante sus ojos.

—Salim, ¿qué pasa con mamá? ¿Por qué hablas desde su teléfono? Pásamela.

—Miriam, cálmate. Está en el hospital. Su estado es estable. No tengas miedo. Acaban de llevarla al quirófano.

¡Qué momento tan difícil! Llevan a mi madre al quirófano mientras yo estoy aquí, en el trabajo, pensó, planteándose un reto duro: ahora debo elegir entre mi madre y la madre que tengo delante.

No... ¡qué abrumador el miedo, y qué inmenso el dolor compartido entre esta madre y yo!

Mi madre nunca le tuvo miedo a la muerte; al contrario, la esperaba, y sin embargo se negaba a venir.

Parece que la muerte le teme a quienes no le temen... le teme a quienes no le temen..., murmuró de nuevo.

Por fortuna, había logrado establecer una buena relación y ganarse la confianza de la familia, lo que le permitió disculparse y salir corriendo al hospital, hacia su madre, una madre que no temía a la muerte.

Miriam la encontró en la unidad de cuidados intensivos, aún bajo los efectos de la anestesia y conectada a un respirador mecánico.

Se sentó a su lado y le tomó la mano.

—No te vayas, mamá, por favor... por favor, no me dejes sola. No tengo a nadie más que a ti.

Lo dijo, pero enseguida entendió que, al hacerlo, le imponía una carga a su madre, máxime sabiendo que no estaba en sus manos.

—Dios, ¿qué voy a decir? ¿Qué me está pasando? ¿Es mi madre quien va a decidir? Si es así, no hay duda de que elegirá volver con nosotros... conmigo.

Por fin decidió guardar silencio y rezar en voz baja, y entre la oración y la esperanza le susurró a su madre —a la que quería tanto— que la amaba.

En esos momentos, sintió una necesidad intensa del apoyo de su madre y anheló subirse a la cama y recostarse en su abrazo, quizá por última vez. Sintió un impulso poderoso de llorar y de gemir en voz alta, pero necesitaba una mano que le acariciara la espalda mientras lloraba. ¿Dónde está esa mano ahora?

Miriam no había recibido de nadie la sensación de seguridad que su madre le brindaba. De hecho, quienes la rodeaban ni siquiera notaban su presencia. Creó, actuó, luchó y logró lo que La señora le había enseñado, pero cuanto más destacaba y sobresalía, más afloraba su transparencia y su fulgor disminuía ante los ojos de quienes se preocupaban por su bienestar.

¡Qué absurdo y surrealista es este sentimiento! Busca consuelo y apoyo en su madre —que yace en un lecho de muerte— para poder afrontar la inminente partida de su madre.

Qué extraño es este sentimiento, y qué difícil de comprender. Y, sin embargo, a quien se le incendia la mano no siente más que dolor, y quien sufre se aferra a cualquier cosa a la que aferrarse.

En ese momento, La señora reaccionó. Apretó suavemente el dedo de su hija, que yacía en su mano, abrió los ojos por un instante, miró directamente a los ojos de su hija y volvió a dormirse.

Miriam sonrió, y de sus ojos brotaron lágrimas en las que se mezclaban la pena y la alegría.

En los días siguientes, Miriam no se apartó de la cabecera de su madre, ni de día ni de noche. Comprendió que a la vida de su madre le quedaban pocos momentos, dependientes de los tubos de oxígeno. Todo lo que deseaba ahora, y por última vez, era un apretón —aunque fuera pequeño y frágil— del dedo de su madre y una última mirada fugaz en sus ojos. No quería palabras, e incluso renunció a la idea de un abrazo o de una caricia en la espalda, pues era evidente que todo eso era imposible.

Solo una última mirada y un roce suave. ¿Es demasiado pedir?

Se acabó, Miriam, ya está. Nuestra madre ha muerto. La 'señora' se ha marchado.

Oyó la voz acercarse y sintió una mano que la sostenía, apartándola con suavidad de la cama.

Mi madre permaneció en el hospital durante tres días tras sufrir un accidente cerebrovascular provocado por una hemorragia cerebral grave, que le hizo perder la consciencia y el control de su cuerpo.

Durante tres días me pregunté si podría dejar ir a mi madre.

El deseo de mi madre era vivir sin ser una carga para nadie y morir con la dignidad y el orgullo que había mantenido toda su vida. Incluso en su último día, antes de que el derrame la visitara, no cedió y siguió sosteniéndose por sí misma, a pesar de las muchas enfermedades que padecía. Bajo ninguna circunstancia aceptó volver a su casa paralizada y dependiente de la ayuda de otros.

Yo sabía que preferiría morir antes que verse sometida a la lástima de los demás.

Además, temía el sufrimiento y convertirse en víctima de maltrato por parte de quienes pudieran asistirla, tras haber visto y oído en la televisión cómo tratan a los ancianos e indefensos en casas particulares, residencias y centros de cuidados de todo el país.

Decidí dejarla ir...

Como si el asunto dependiera únicamente de mí.

Decidí, esta vez, dejarla ir con amor, porque mi

corazón estaba seguro de que había cumplido su misión y llevado a cabo su deber materno de la mejor manera posible.

Pero no lo logré.

Tampoco yo lloré cuando murió mi madre, como Miriam. No sé de dónde saqué fuerzas. Durante tres días recibí a quienes venían a dar el pésame con una sonrisa y procuré mantener una apariencia externa que habría complacido a La señora, mi señora, y que sin duda se habría sentido muy orgullosa de mí.

Cada mañana, Miriam arrancaba dos rosas u otra flor de su jardín y se iba a visitar la tumba de su madre en el cementerio familiar, en el centro del pueblo. Colocaba las flores en el jarrón que había puesto sobre la tumba y reemplazaba las que había llevado anteriormente. En un trocito de tierra junto a la tumba, había plantado unas plántulas de salvia, cuyo aroma le subía a las fosas nasales cada vez que entraba en la casa de su madre.

Miriam se sentaba durante varios minutos al borde de la tumba, hecha de piedra blanca, y se entregaba a una conversación silenciosa solo con su cuerpo. Besaba la tumba a modo de cabeza y pies y recitaba la Al-Fatiha (Alfateja)[5], y luego seguía su camino hacia la institución donde trabajaba.

Nadie sabía en qué pensaba Miriam, qué decía ni cuáles eran sus verdaderos sentimientos.

Pero yo sí lo sé, aunque Miriam nunca me lo dijo. Sentía una profunda soledad y, en lo hondo de su corazón, anhelaba ser absorbida por ese lugar, si no podía, de algún modo, extraer de él a su madre.

Volvía a la casa de su madre, donde había vivido con seguridad y calor la mayor parte de su vida, para buscar su aroma, un rastro de su cabello entre los mechones blancos de su cabeza, o algo que llevarse al pecho —para abrazar y ser abrazada a su vez.

Todo en la casa quedaba tal como estaba —la cama de la madre, la sala, el armario...— pero el botiquín que había acompañado a su madre durante sus años extra había desaparecido. Miriam estaba muy enfadada con las mujeres que se apresuraron a limpiar la casa inmediatamente después del entierro. Si pudiera, reordenaría la casa y la dejaría tal como había quedado cuando La señora la dejó por última vez. Al menos entonces hallaría consuelo al comprender que le era imposible restaurar su propio cuerpo.

Se sentaba en la cama, pasando la mano por el colchón, la almohada y el armazón de hierro, quizá encontrando huellas y marcas que ninguna mano de limpieza había borrado. Así se quedaba una hora o más, cerrando los ojos, activando el olfato y siguiendo restos aquí y allá. Ante sus ojos surgían imágenes vívidas y lejanas mientras reconstruía recuerdos y momentos que la llenaban de amor, de pena y de fuerza. Después iba a su trabajo para insuflar vida a quienes la necesitaban.

Durante ocho meses, siguió este camino.

—Ella vive dentro de mí— decía.

—La retienes dentro de ti— le dije, reprochando a mi paciente —o quizá proyectando sobre ella.

Ella no respondió. Su rostro se enrojeció de repente por el impacto, el golpe que había recibido, o quizá por la audacia del terapeuta. ¿Cómo se atrevía a decir lo que dijo?

O quizá fue porque se enfrentó a una verdad que nadie había visto ni expresado.

—Está muerta —traté de explicarle—, pero aún no la has dejado ir; todavía la sostienes dentro de ti con amor, y luchas por revivirla de nuevo y devolverla a como era.

—No está muerta. Ella vive dentro de mí.

—Su memoria: eso es lo que vive dentro de ti.

Comprendí que había que afrontar la muerte y elaborar la pérdida. Me quedó claro que ella estaba en una fase de negación, incapaz de aceptar la cruel muerte de su madre: una etapa en la que se sentía aislada e indefensa, y nadie podía cumplir el papel de la señora y ocupar su lugar en su vida. Nadie podía darle el calor que de pronto había perdido, aunque sabía que su madre había vivido durante muchos años como un regalo y hacía tiempo que estaba destinada a morir, no solo hace ocho meses. Añoraba aquella compasión materna, ese amor, esa sensación de seguridad que una vez había sentido en lo más hondo de cada poro de su cuerpo y en lo profundo de su alma. Buscaba esa sensación como si fuera una obsesión devoradora en un solo lugar: una tumba de la que nada podría brotar salvo unos cuantos retoños de salvia. Tal vez sacralizaba el aroma que ascendía de la tumba de su madre a través de esos retoños, pero ansiaba un cuerpo que la abrazara; anhelaba un calor genuino y una mano que le acariciara el cabello y el rostro, el alma y el corazón.

¿De dónde vas a sacar todo eso?

Pasaron muchos meses durante los cuales fue a buscarlos al cementerio, pero todo fue en vano.

La gente que vivía cerca del cementerio empezó a seguirla y a lanzarle miradas inquisitivas. Por lo general, los familiares del difunto visitan el cementerio una vez por semana, normalmente los viernes. En el período inicial—durante el primer mes o los dos o tres primeros meses—algunos vienen una o dos veces por semana, o como mucho tres. ¡Pero no durante ocho meses! Esta es la frecuencia de visita que les resulta familiar y, según su experiencia, el período razonable para las visitas, sin necesidad de investigaciones científicas al respecto. Por cierto, incluso conocían los horarios de visita y podían prever el comportamiento de los visitantes desde el momento en que entraban al cementerio hasta que se iban. Notaron una similitud en la forma en que muchos se comportaban al entrar al lugar. Prácticamente todos se detienen en el mismo sitio, abren las manos frente al rostro y recitan la Al-Fatiha (Alfateja) o alguna plegaria; luego se pasan las manos por la cara y entran. Al salir, repiten el mismo ritual. Todos lo hacen, sin importar su grado de fe en Dios, su observancia estricta de los preceptos religiosos, su afiliación política, su nivel de conocimiento y educación, e incluso su género. Dicen que los hombres no lloran. Quien de verdad lo crea debería venir al cementerio, esconderse detrás de una de las tumbas o tras las cortinas de una de las casas cercanas—si tiene alguna relación con los vecinos—y observar a los visitantes. Entonces verá a hombres derramando lágrimas en silencio. No hace falta decir que sí lloran; los hombres aquí lloran. La muerte es dura para todos y no discrimina entre las personas. El dolor golpea a todos sin excepción.

Y todos lloran.

Sin embargo, a diferencia de los demás, las visitas de esta mujer eran largas y se prolongaron durante mucho tiempo: ocho meses, todos y cada uno de los días.

—No hay duda de que sufre algún tipo de trastorno...

—Quizá se ha vuelto loca —dijo una de las mujeres.

Esta acusación malévola llegó a oídos de Miriam, y se susurró a sí misma, en tono crítico:

¿Es que cualquiera que visita la tumba de su madre está loco? ¡Que se vayan al infierno!

Fue la única vez que Miriam oyó hablar de sus visitas al cementerio, pero sintió que las miradas dirigidas a ella pesaban más que las palabras.

Ya no se sentía cómoda durante sus visitas, y comenzó a acudir a la tumba en las primeras horas de la mañana, mientras la gente aún dormía. Pero incluso eso le resultaba difícil, pues la sola idea de tener que visitar la tumba de su madre en secreto le agitaba pensamientos opresivos.

Necesito orientación, ayuda profesional, decidió. Y acudió a ella.

Tras una breve conversación, comprendí que no se podía evitar la hipnosis para ayudarla a establecer una conexión con su madre, de modo que pudiera oírla y, juntas, idear alguna orientación sobre qué hacer.

Se sentó cómoda, cerró los ojos, se hundió en la silla y su cuerpo se relajó. En estado de hipnosis, mantuvo la siguiente conversación con su madre:

—... (silencio: la madre no dice nada)

—Mamá, ¿dónde estás?

—... (silencio: la madre sigue sin decir nada)

—Pregúntale si puede oírte —intervine en la conversación.

—Me oye.

—Si es así, pregúntale por qué no te responde —dije.

—No está contenta... está enojada. (Empieza a llorar.)

—¿Por qué? — pregunté.

—No puede hablar.

—¿Qué diría si pudiera hablar?

—Cúrame... libérame... no puedo respirar— dijo, y su llanto se intensificó.

—Cúrala... libérala —le pedí.

—No puedo... no puedo... no puedo— dijo, y empezó a golpearse la cabeza y a convulsionar.

—Está bien... está bien... respira en silencio... en silencio... una exhalación tranquila y una inhalación tranquila... en silencio... Ahora estás en el lugar seguro del que me hablaste... ese lugar tranquilo a orillas del mar... ahora... el sonido de las olas suaves llega a tus oídos... la tranquilidad reina en el lugar... las copas de altas palmeras se mecen en silencio... brisas suaves te acarician el rostro... ahora... y el cabello... y el cuerpo... tu cuerpo está relajado y a gusto... ahora... Estás tendida sobre la arena tibia, sientes su calor en el cuerpo y respiras en silencio... en silencio...

Su cuerpo se aflojó completamente, dejó de llorar y empezó a respirar con más calma y libertad. Tras calmarse, seguí hablándole:

—Te cuesta liberarte de tu madre... Te cuesta separarte de ella... pero tu consciente entiende que su muerte física no significa una muerte espiritual, ni borra esos recuerdos cálidos que compartes con ella... Puedes dejarla ir y permitirle partir y, después, cuando quieras, podrás evocar los recuerdos que elijas simplemente cerrando los ojos y tomando tres respiraciones... Tu subconsciente te guiará y te llevará hasta ellos... Puedes hacerlo ahora y en cualquier momento que desees... solo cierra los ojos y toma tres respiraciones, y siente la tranquilidad y la calma interior... También te llenarás de vitalidad y de una energía abundante para impulsarte hacia adelante y realizar las cosas en las que sobresales en tu trabajo y en tu vida profesional, personal y social... Ahora recuerdo a aquella niña de la que me hablaste, a la que sus padres encerraron en casa por su discapacidad, esa niña que sufría una limitación, y cuyos padres creían que al confinarla la estaban protegiendo, no importaba de qué... Quizá querían creer eso, y quizá querían calmar su conciencia; en cualquier caso, el encierro no ayudó a la niña ni la salvó de la muerte... Tal vez debamos preguntarnos: ¿qué quería esa niña? ¿Ser libre y liberarse o ser confinada? Pero al final murió, murió cuando aún era una niña... Quizá quería liberarse y lo hizo a través de la muerte... Imagina qué habría pasado si sus padres hubieran podido encarcelar su alma, solo imagina... Tu madre, Miriam, vivió en libertad y murió en libertad... Ahora necesita tu ayuda, ahora especialmente te necesita como nunca antes... Necesita que la liberes, que la dejes ir...

Lágrimas silenciosas, un ligero sudor en el rostro, respiración lenta y callada. Un largo silencio. La dejé, o más precisamente, la dejé confrontar—con la ayuda de su subconsciente—el miedo a seguir viva tras separarse de su madre.

Al cabo de unos minutos, cuando percibí por su energía y el movimiento de su cuerpo que la sesión había llegado a su fin, le pedí que regresara.

—¿Cómo estás? —le pregunté cuando abrió los ojos.

Suspiró un poco y dijo:

—Estoy bien, mi madre pidió ser liberada y cumplí con su petición. La quiero y la seguiré queriendo. Su memoria me acompañará toda la vida. Pero ¿qué haré ahora?

—Su memoria y tus recuerdos de los momentos cálidos con ella te acompañarán y estarán contigo cuando quieras. Libérala y libérate, empieza a vivir.

En su siguiente encuentro en la institución, Miriam miró a los ojos a la madre del niño al que se le había diagnosticado una discapacidad intelectual del desarrollo, y en ellos vio una mirada serena y un silencio profundo. A la madre ya no la atormentan preguntas como: ¿Qué será de este niño cuando crezca? ¿Cómo vivirá su vida? ¿Morirá? ¿Vivirá?

El padre sigue moviendo los dedos, deslizando las cuentas del cordón de oración, y asumiendo el papel de sostén: el que confía en Dios, en cuyas manos está todo.

La madre reunió a su alrededor a un grupo de otras madres de la institución y estableció contacto con organizaciones benéficas e instituciones que atienden a niños con necesidades especiales. Además, difundieron un mensaje que afirma que estos niños tienen pleno derecho a vivir con dignidad, a casarse, a tener hijos y a madurar, y que son amados tal como son.

¡Amados tal como son!

Miriam no asistió a la tercera cita que habíamos programado. Para mí, fue una gran pérdida, porque en su liberación de sus miedos a la soledad y su continua búsqueda de una mano que la acariciara y de una mirada que asegurara su serenidad, yo veía un proyecto personal que me ayudaba a abordar mis propios problemas.

Consideré hablar con ella sobre su relación con su marido y decidir explorar la posibilidad de derivarlos a terapia de pareja.

Lo importante es que se logró el objetivo por el que vino, intenté convencerme.

Pero seguía oyendo los susurros de los vecinos y sintiendo sus miradas.

Capítulo 9

Sami

El paciente que le pasó el estrés a su terapeuta

A veces, basta con la resignación y aceptación de tu incapacidad para brindar tratamiento a quien lo busca para que lo ayudes.

ÉL se sienta encorvado, encerrado en los pequeños baños de la escuela. Días atrás, el personal de limpieza pasó por allí, y el olor que emanaba de los baños se mezcló con las voces de los niños que corrían y deambulaban afuera. A sus oídos llegan las voces de los maestros, regañando, que decían: ¡Niño, ten cuidado! y Tú, niña, ¡recoge el papel del suelo de inmediato! Un grupo de niños juega afuera a ¡Corran, palomas! y otro grupo juega al Juego de los 7 muertos.

El juego de los 7 muertos es un juego que le cautivó al inicio de la adolescencia durante mucho tiempo. En él se pone a prueba el nivel de confianza que el jugador deposita en sus pulmones, pues si lo traicionan y no le suministran suficiente aire para expresarse de un solo respiro

—sin tomar aire de por medio— durante un ataque al terreno del oponente, regresa a su arena con las marcas de las manos del enemigo en el cuerpo por los muchos golpes que le propinaron, o, peor aún, pasa a contarse entre los llamados los muertos o los cautivos. Están a merced del contrario y esperan en reclusión a un luchador que se arriesgue, que sea fuerte, veloz y que posea pulmones fiables con una gran cantidad de oxígeno (suficiente para dejarlo remontar por encima del campo de batalla e insuflar el espíritu de la libertad en esos muertos, tocando sus cuerpos y devolviéndolos a la vida).

Se sienta encorvado en el baño, coloca la cabeza entre las manos, escucha, a su pesar, las voces que minan su confianza en sí mismo, y se pregunta hasta qué punto han llegado sus miedos a las personas y su aislamiento. A veces anhela verlos desde lejos, así que se sube al inodoro y espía furtivamente por la pequeña ventana alta. Pero pronto se le hace claro que no se pierde gran cosa, y que el olor del baño es preferible al asco que le da la manera en que la gente se comporta y se trata mutuamente. Sin embargo, a veces traga saliva y una sensación de amargura y pena lo atenaza al ver sonrisas en los rostros de algunos niños que disfrutan del juego.

Siempre se sienta exactamente en la misma posición y, aunque no tiene un reloj que le diga la hora, su corazón se la indica siempre. Y, en efecto, el sonido del comando, la campana, le llega precisamente en el momento que espera. Incluso empieza a contar hacia atrás en su corazón: diez, nueve, ocho, siete, seis, cinco, cuatro, tres, dos, uno, y... su voz llega a sus oídos —hermosa y resonante, segura y fuerte— para liberarlo de la reclusión en la que había entrado voluntariamente antes de entrar en la segunda reclusión, el aula, que, por supuesto, no era voluntaria.

El tránsito de una prisión a otra le concede unos minutos para respirar libertad. Aunque el trayecto del baño al aula suele tomar unos dos minutos, él siempre lo alarga. Los estudiantes se apresuran a entrar a las aulas, y los profesores de turno los instan a hacerlo de manera ordenada, mientras él deambula de un lado a otro durante esos momentos. Nadie repara en su presencia, y nadie le presta atención. Los árabes tenían razón en su dicho: Pon tu cabeza entre las cabezas y di: ¡oh, verdugo!, porque su deambular entre la multitud y las voces le da una gran confianza.

Satisfacer sus necesidades emocionales en el baño le permitía sentirse seguro dentro de ese pequeño cuarto, con su olor repulsivo —que para otros era ofensivo, pero para él era el aroma más natural. Se acostumbró tanto que sus sentidos estaban dispuestos a aceptarlo, y su cerebro reprogramó su lugar en él.

Este cuartito lo cuida más que aventurarse a salir al mundo. No hace mucho estalló una guerra en el vecindario, conocida por nosotros como una trifulca, en la que participaron casi todos los adultos y en la que se utilizaron armas de fuego y garrotes. En esa guerra, su amigo Rani, que no tenía ni ocho años, murió por una bala perdida... ¡Una bala perdida!

Comenzó sus estudios en esta escuela un año antes, tras regresar con sus padres de Estados Unidos, donde nació y cursó en una de las escuelas primarias. Encontró muchas dificultades para adaptarse social y académicamente en esta escuela, a pesar de dominar el inglés. Su problema era social y emocional, y se le describía como alguien que tendía a aislarse y a minimizar sus interacciones sociales. Su padre, que se dedicaba al comercio y había amasado una gran fortuna, invirtió enormes esfuerzos para ayudarlo. Lo inscribió en muchas clases extraescolares, como actuación, teatro y natación, con el objetivo de fortalecer su personalidad y su confianza en sí mismo y mejorar sus relaciones sociales. Sin embargo, los resultados no estuvieron a la altura de estas esperanzas.

Tras una profunda crisis económica que estalló en Estados Unidos y en todo el mundo en 2008, la familia se vio obligada a rescatar sus inversiones, transferir las acciones y el dinero en sus cuentas bancarias (millones) a la patria, y regresar allí sin otra opción.

No solo se sumaron a sus dificultades el cambio repentino a otro país y a una nueva escuela, sino también un dominio insuficiente de su lengua materna, puesto que el inglés había ocupado el lugar del árabe como principal lengua de comunicación en casa.

Aquí, también, los padres no dejaron piedra sin mover. Gastaron grandes sumas de dinero en clases particulares. Iniciaron y organizaron eventos sociales en su nueva y suntuosa casa de la ciudad para potenciar las conexiones sociales de su hijo y atraer amigos. Sin embargo, los pares de su edad explotaron este tesoro inagotable que se cruzó en su camino y aumentaron sus burlas hacia él, tanto en su cara como a sus espaldas.

Mi amiga, que es psicóloga profesional, una vez me preguntó si podía tratar a una persona que sufría de ansiedad crónica usando hipnosis.

Por supuesto, le respondí.

Esto fue después de que ya había empezado a practicar la hipnosis, impulsado por la creencia de que nada puede resistirse a su influencia —aún lo creo.

Este chico es el hijo de una de mis amigas; está estudiando en la universidad. Empecé a tratarlo hace tres meses,y no estoy segura de poder ayudarlo. Llegó a mí tras un período de tratamiento irregular con un psicólogo. Ese tratamiento no dio resultados y su estado no mejoró. Es posible que mi relación con su madre haya afectado el proceso de tratamiento. Pensé que quizá la hipnosis podría ayudarlo.

Lo dijo con vacilación, y percibí el recelo detrás de

sus palabras. Probablemente intentaba deshacerse del joven, ya que, por naturaleza, a nadie le gusta fracasar.

No lo esperaba, pues aún no había llegado la hora acordada para su llegada.

Fue nuestro primer encuentro. Lo vi por la ventana de la clínica, bajándose de su nuevo Audi, y se despertó mi curiosidad. Llevaba gafas de sol oscuras, aunque en ese momento el sol ya se había escondido tras las nubes. Era un día primaveral de febrero, del que se decía: Febrero caprichoso — incluso si llueve, el aroma del verano está presente.

Por lo general, me quedo junto a la ventana unos instantes entre las sesiones de terapia, respiro aire fresco y libero un profundo suspiro y una larga exhalación para descargar todo lo que se había acumulado en mí durante la sesión anterior. A veces no logro reflejar los sentimientos de la persona sentada frente a mí —que a menudo están cargados de un sufrimiento profundo—, y no puedo evitar los sentimientos de empatía que a veces son tan fuertes que trascienden la mera comprensión.

Observo, a través de la ventana, los acontecimientos que se desarrollan en el vecindario y el comportamiento de los conductores y de la gente en general. En esos pocos minutos, me hundo en una especie de trance hipnótico y me desprendo del mundo para recuperar mi energía. Observar el comportamiento de las personas es un hábito al que me he vuelto adicto, y me encanta esa adicción. No concuerdo con el dicho Quien observa a la gente morirá de pena. Observo el comportamiento de las personas y trato de comprender las razones de las diferencias en sus maneras y sus variadas respuestas a acontecimientos similares. Como reacción ante el mismo suceso, uno puede sonreír, otro enfadarse, un tercero ignorarlo y un cuarto sacar un cuchillo. En resumen, me encanta observar a la gente y recopilar hechos nuevos para analizarlos. Se podría decir que es una curiosidad obsesiva.

Esta observación me calma, pues es una forma de desahogo y una especie de introspección terapéutica que adopté hace mucho.

Se bajó del coche con movimientos que me parecieron tranquilos, contenidos y seguros y, al observarlo, descarté la posibilidad de que yo fuera su solución final. Por lo general consigo pintar mentalmente el aspecto externo de mis clientes a través de una conversación telefónica o de la información que había recibido previamente sobre ellos. Pero Sami, así se llamaba, me sorprendió cuando llamó a la puerta de la clínica y entró.

De acuerdo, me dije a mí mismo, me enfrento a un desafío. No logré percibir su persona; será interesante ver cómo se desarrolla el tratamiento.

Quizá me creé inadvertidamente una sugestión, pensando que me enfrentaba a una situación única y más complicada.

—Por favor, siéntate —le dije después de que se sentara sin esperar mi invitación. Dejó las llaves del coche y el teléfono móvil sobre la mesa y se subió las gafas de sol a la cabeza.

—Doctor, como le dije por teléfono, estoy estresado, muy estresado —dijo, fijando su mirada en mis ojos como si buscara algo.

—Está bien, entiendo que tengas ganas de empezar a describir el motivo que te trajo aquí. Pero antes, permíteme recoger algunos datos personales.

—Me llamo Sami, como te dije por teléfono. Soy estudiante de cuarto año de medicina en la Universidad de Jerusalén. Mi problema es que siempre estoy estresado.

—Ajá, entiendo. A veces te sientes estresado. Pero dime, por favor, ¿cuántos años tienes? —le pregunté para calibrar su disposición a apartarse de su estrés por un momento.

—Tengo 26. Pero ¿qué tiene que ver mi edad con el estrés que tengo? Estoy muy estresado. Y no solo a veces: estoy siempre estresado —dijo, y parecía que su paciencia estaba a punto de agotarse.

—Bien, dime desde cuándo sientes este estrés —le pregunté (¡estresado!) mientras le respondía y me sumaba a su tensión.

—Desde hace mucho. Estoy estresado desde hace mucho. Falto a exámenes y no asisto a clases. No sé... estoy taaaan estresado.

—Dime, ¿desde cuándo? ¿Cuándo empezaste a sentir este estrés?

—Desde que estaba en la secundaria, antes de los

exámenes finales. Y sigo estresado hasta hoy y no sé qué hacer. Toda mi vida es un gran estrés—estrés en la escuela, estrés en casa...

—Y aquí también. Oigo tu estrés. Lo entiendo y lo siento yo también.

Suspiró, inspiró profundamente y soltó el aire mientras me miraba con una mirada intensa acompañada de una ligera sonrisa que me resultó extraña; una sonrisa cuyo significado solo comprendí más tarde.

Cuando oye el sonido de su comando—la campana—, vuelve en silencio al aula y ocupa su asiento en la última fila junto a su amigo Hakim, o Abd al-Hakim como lo llaman burlonamente sus compañeros.

Hakim (ese era su nombre real) no estaba favorecido por la suerte ni poseía las capacidades intelectuales que le hubieran permitido alcanzar el éxito académico como sus otros compañeros. Sin embargo, tenía una complexión robusta y sus pares le temían. Además, si alguien se burlaba de él y lo llamaba Abd al-Hakim, salían corriendo de inmediato por miedo a sus potentes patadas en la espalda.

¿Cómo te llamas? preguntó el sheij* con tono cortante al inicio del año, después de haberle dado a su predecesor una llamada de atención por no saber inter-

* Docente de Religión

pretar las palabras de la sura Al-Baqara (la sura de La Vaca en el Corán).

Ha... ha... Hakim, tartamudeó aterrado mientras alternaba la mirada entre los ojos del sheij y el largo palo en su mano.

¿Hakim?, preguntó el sheij entre el desconcierto y la burla. ¿¡Hakim!? repitió, y luego declaró con resolución: ¡Tu nombre es Abd al-Hakim! Hakim (el Sabio) pertenece solo a Dios, exaltado sea*.

Le pidió que leyera en voz alta y, como no pudo, recibió cuatro golpes en las palmas con una regla de madera de un metro de largo, que servía de apoyo al profesor de geometría, acompañados de comentarios pronunciados en un tono de escepticismo y asombro, aunque más cercano a la burla:

Hakim, dice... Hakim...

En resumen, Sami encontró refugio en aquel Hakim, o Abd al-Hakim, mientras estaba en clase. Aun así, durante el recreo prefería sentarse en el baño, porque no quería que sus compañeros vieran que tenía alguna relación con al-Hakim, quien, al parecer, no era tan sabio como sugería su nombre, dado que tenía, como se mencionó, una baja capacidad intelectual. Además, no pudo beneficiarse de la posibilidad de recibir una evalua-

---

* Al llamarlo **Abd al-Hakim** (Siervo del Sabio), el *sheij* se asegura de que el nombre del alumno no intente igualar un atributo divino. En cambio, su nombre lo convierte en un **siervo** de aquel que posee la sabiduría suprema (Dios).

ción psicológica adecuada que lo ubicara en un entorno educativo acorde con sus capacidades.

Cuando Sami tenía siete años, nació un hermano en circunstancias difíciles que pusieron la vida de su madre en gran peligro y, en consecuencia, tuvo que permanecer en el hospital varias semanas. En ese momento, la familia estaba de visita en la patria, donde ella solía pasar todas las vacaciones de verano una vez cada dos años. Mientras su madre estaba fuera de casa, estalló una pelea en el vecindario durante la cual hubo disparos. Rani, su amigo, murió como se mencionó antes, y su primo resultó gravemente herido y casi murió a causa de las lesiones. Me contó que se orinó en la cama esa misma noche y en las subsiguientes.

Cuando relató esta trágica historia de su infancia, la sonrisa no se le borró del rostro. Su sonrisa mostraba unos dientes blancos deslumbrantes y transmitía una pena oculta que se fortalecía a medida que maduraba, dejando al descubierto aún más sus dientes.

Durante los años de secundaria empezaron a aparecer en él signos indicativos de ansiedad ante los exámenes. Cada vez que un examen parecía difícil, recurría al llanto como escape y como forma de evitarlo. Aun así, era un alumno destacado, especialmente en ciencias, matemáticas e inglés, y, en consecuencia, los profesores lo trataban con indulgencia durante los periodos de exámenes.

—¿Por qué me pasa todo esto? —se preguntaba — no me imagino sin estrés.

—¿A qué te refieres con 'esto'? —pregunté.

—¿Esto...? Es la montaña que se sienta sobre mi cabeza —respondió.

Me encantó esa metáfora que usó con tanta naturalidad.

Bien, me dije, *veamos cuál es la historia de esa montaña que está sobre tu cabeza.*

A partir de ahí, proseguimos nuestra conversación después de que entrara en estado de hipnosis.

Su cuerpo estaba relajado en el sofá; estiró las piernas hacia delante, echó la cabeza hacia atrás y se apoyó en un lugar cómodo sobre un pequeño cojín, listo y dispuesto a hundirse en una conversación hipnótica basada en la misma metáfora que había elegido al principio.

—Descríbeme esa montaña —le pedí.

—Una montaña solitaria, pequeña, en medio de una llanura verde que se extiende a lo lejos.

—Una montaña solitaria, pequeña... pequeña ¿en qué sentido? —pregunté.

—Pequeña en edad. Surgió, o se elevó, de la llanura hace algún tiempo... quizá hace diez años o un poco más.

—Una montaña solitaria, pequeña, en medio de una llanura verde... que se alzó hace unos diez años... cuando eras un niño... dime, ¿qué más hay?

—Un tren... veo un tren que se aproxima... un tren que se mueve por una vía férrea... una vía férrea larga — no sé de dónde viene... pero parece que su recorrido se extiende mucho más allá de la montaña... el problema es que cada vez que el tren llega a la montaña, se detiene... no continúa.

—Ajá, no continúa —intenté animarlo a seguir.

—La montaña no le permite continuar.

—Parece que la montaña tiene sus razones para hacerlo —dije.

—La montaña solitaria... erguida, sola... atrapa a cualquiera que pasa y no le deja continuar.

Momentos de silencio...

El ritmo de su respiración se aceleró. La cabeza se movía de un lado a otro y se hicieron evidentes signos de tensión en su cuerpo. El lenguaje corporal ocupó el lugar de las palabras y guardó silencio. Pasaron unos momentos durante los cuales le permití lidiar con la montaña, el tren y lo que hay entre ambos —y quizá también con otras cosas.

—¿Dónde estás ahora? —pregunté.

No respondió.

—La montaña solitaria en una llanura verde y una vía férrea larga que corre a su lado... Hay un tren allí... dime, ¿de dónde procede esa imagen?

Intenté traerlo de vuelta al punto en el que me había dejado. No quería permitirle que divagara solo en su imaginación y pensamientos más tiempo del previsto, pues tengo una responsabilidad profesional. Además, sentía curiosidad por saber lo que se desplegaba en su mente.

—Estoy en el tren... solo... No hay gente... el tren se detiene y no puede continuar... quiere continuar, pero algo lo retiene… lo ata… lo encadena con una cuerda fuerte.

Empezaron a asomarle lágrimas a los ojos y su voz apenas se oía.

—¿Y la montaña?

—No lo sé… Lo intento… Quiero huir… seguir adelante… pero no me deja… no puedo.

Aquí empezó a hablar en primera persona, como si él mismo fuera el tren.

—¿Has hablado alguna vez con ella? Es decir, ¿con la montaña?

—No.

—¿Quieres soltar la cuerda o preguntarle a la montaña por qué te ata… al tren?

—Dice que quiere que la gente vaya a ella… a entretenerla.

—Ajá, quiere que la gente vaya a ella a entretenerla, y por eso se aferra a quien pasa y no lo deja ir.

—¿Y qué? Puedo volver a visitarla —se dijo a sí mismo, como si hubiera encontrado una excusa para persuadir a la montaña de que lo soltara y desatara la cuerda.

—Bien, díselo —dije.

La conversación entre él y yo, y entre él y el tren y la montaña, continuó durante mucho rato, durante el cual le prometió a la montaña que la visitaría en cada oportunidad posible.

Por fin, Sami… digo… el tren se liberó y siguió su camino. Por el espejo lateral, Sami vio cómo la montaña empezaba a alejarse a medida que el tren se alejaba... se alejaba... y cómo la montaña se iba haciendo cada vez más pequeña.

Le di varias sugerencias poshipnóticas, gracias a las cuales quedó de manifiesto su capacidad para entablar diálogo y llegar a soluciones cada vez que se sintiera atado. Le expliqué que podría sorprenderse de su capacidad para desatar las ataduras del estrés y asombrarse de la rapidez con que llega a soluciones a las dificultades y problemas cotidianos que encuentra y que pueda encontrar en el futuro. Después, le di instrucciones claras sobre cómo salir del estado hipnótico y volver a la realidad.

Concedí gran importancia a abordar la fuente de este estrés, como lo llamaba Sami, mediante la hipnosis. La abreacción (catarsis emocional) que se produjo durante la hipnosis constituyó un paso crucial en este proceso. Para mí, y por experiencia, bastaba con que Sami sintiera siquiera una leve disminución en el nivel de estrés que había cargado durante muchos años.

Pero en la siguiente sesión me sorprendió cuando, inmediatamente después de responder a mi saludo, sin esperar ninguna indicación por mi parte, dijo:

—No ha habido ninguna mejoría en mi estado, doctor. Sigo estresado. No veo que esta hipnosis esté produciendo resultados. Todo es una gran tensión. Sigo sin poder llegar a clase y no termino nada. Estoy estresado. ¿No ve que estoy estresado? Me despierto de noche todo tenso, y por la mañana me siento terriblemente cansado y no consigo arrancar. El estrés es tan abrumador que siento como si mi cabeza estuviera a punto de explotar. Solo un estrés enorme...

No lo esperaba. No esperaba que, tras tres sesiones de hipnoterapia —durante las cuales empleé técnicas en las que siempre había confiado y que nunca me habían fallado, además de mi conocimiento científico y teórico, y, no menos importante, el hecho de que confío en el inconsciente y en mi intuición—, él viniera a declarar este estrés prolongado y constante.

Y eso que me encanta esperar...

Empecé a sentirme estresado yo mismo.

Ahí había llegado mi primer fracaso como hipnoterapeuta.

Nos sentamos a hablar de la montaña, la cuerda y la llanura, de la infancia y la escuela, de la pelea y el asesinato de su amigo, de los baños y del juego de los 7 muertos. Mientras tanto, examiné la ganancia secundaria que podría estar obteniendo de su estrés.

Sami respondió abiertamente a mis palabras. Compartió conmigo sus recuerdos y sus miedos —y lloró—. Practiqué la auto-hipnosis con él y le pedí que la practicara dos veces al día hasta nuestra próxima sesión.

Eso era todo lo que podía hacer en esa etapa, me dije; tenía que producirse un cambio para poder empezar a abordar la montaña y examinar las razones de su creación, junto con otros asuntos que, sin duda, surgirían durante la terapia.

En cualquier caso, el tratamiento inicial del estrés de

Sami mediante hipnosis se prolongó más allá del número de sesiones que yo había previsto, en las cuales pensé que podría reducir su estrés al mínimo —la meta que habíamos acordado en nuestra primera sesión.

Llegó, aunque aún no había llegado la hora prevista para su llegada.

Era su sexta vez. Lo vi a través de la ventana de la clínica, bajando de su nuevo Audi, el mismo coche con el que había venido a nuestra primera sesión. Una vez más, despertó mi curiosidad. Se puso esas mismas gafas de sol oscuras, aunque a esa hora de un día de primavera de abril el sol estaba oculto tras las nubes.

Salió de su coche con movimientos que me parecieron tranquilos, medidos y seguros —exactamente como la primera vez—, y me infundió una sensación de tensión. Déjà vu... Cuando lo vi por primera vez, no había esperado verlo como realmente era, pero ahora había venido, y yo no sabía qué esperar.

Puso las llaves del coche y el teléfono móvil sobre la mesa, y apoyó las gafas de sol sobre la cabeza tal como lo había hecho en nuestro primer encuentro.

—Doctor, no ha habido ninguna mejoría conmigo. Sigo estresado. Extremadamente estresado. El tratamiento no me está ayudando. Resulta que esta hipnosis no ayuda en absoluto — dijo, mirándome a los ojos como si buscara algo.

¿Qué está buscando? ¿Por qué viene siempre a mí con tan malas noticias? Hice lo que sabía y lo que se suponía que debía provocar un cambio, aunque fuera mínimo, en el estado de estrés en el que estaba, pero cada vez regresa diciéndome que he fracasado. De hecho, yo ya había fracasado incluso antes de que entrara en la clínica por primera vez, cuando no pude grabar su imagen en mi mente, antes de haberlo observado desde la ventana. *¿Qué clase de maldición es esta?* me dije, culpándome porque mi intuición me traicionaba. Me sentí terriblemente mal, y mi propio estrés creció.

¿Soy yo la causa, o es él? ¿Quizá ambos? ¿Y quizá sea la hipnosis?

Se me ocurrió que quizá los cimientos de esta montaña estén profundamente arraigados en la historia, y que este tren viene del pasado lejano; por lo tanto, hay que cavar más hondo e ir muy atrás para comprender lo que sucede hoy.

Sentí que estaba al borde de rendirme y decidí fluir con las señales que recibía del inconsciente y su guía. No busqué una fuente teórica ni una escuela psicológica para justificar e interpretar para mí mismo lo que estaba a punto de hacer.

Decidí seguir confiando en el inconsciente y escuchar su voz suponiendo que, sin duda, trataba de ayudarme —y que yo no se lo estaba permitiendo... por supuesto... al fin y al cabo, me auto-sugerí, incluso antes de que comenzara la primera sesión terapéutica, sincera e inadvertidamente, que la situación sería compleja y enrevesada y que existía la posibilidad de que fracasara.

Me senté frente a él después de que hubiera entrado en un estado de hipnosis, cerré los ojos y escuché con atención la voz interior en un último intento de ayudarlo... y de ayudarme a mí mismo.

—Escúchame, Sami. —le dije con tono sereno —Cuando te acepté para el tratamiento, no tenía ninguna duda de que era capaz de abordar tus quejas de larga data mediante la hipnosis y aliviar el estrés que, según tus propias palabras, has soportado durante años. Tus compañeros de clase y amigos no han logrado aliviar tu carga. Estuviste en terapia psicológica alrededor de dos años, sin mejora en tu estado. Acudiste a una terapia cognitivo-conductual con biofeedback y la intentaste durante varios meses, pero no dio resultados. El estrés que experimentas es inmenso, y parece que seguirá acompañándote mientras sientas que quienes te rodean o no se dan cuenta, o lo ignoran, o de verdad no lo entienden. Necesitas a alguien que te vea, que vea el sufrimiento que a veces se manifiesta en esta tensión. Es un gran estrés... incluso excesivo... Cada vez que quienes te rodean hacen caso omiso de tu sufrimiento, sientes una profunda decepción, frustración y quizá incluso ira... Hay algo en ti que hace que este estrés arda aún más para ser visto; para sobresalir y que los demás se den cuenta, admitan que estaban equivocados y muestren comprensión por el sufrimiento que soportas; que empaticen contigo, te acepten, te amen... Sin embargo, en verdad, ninguno de aquellos de quienes deseas comprensión te comprende realmente. Esto te importa enormemente; es vital para ti probar este sufrimiento y la existencia de este estrés para que tus seres queridos te vean... Pues bien, aquí está el testimonio de un terapeuta respetado que atestigua que tu estrés es grande. Y aquí está el testimonio de otro terapeuta al que acudiste y que no te ayudó. Ese testimonio también confirmó que tu estrés es grande. Ahora queda el testimonio de un hipnoterapeuta... y yo también te digo que tu estrés es grande, Sami... tan grande que la hipnosis por sí sola es incapaz de superarlo... pero, como sabes por sesiones anteriores, el único que puede aliviar tu estrés y tu sufrimiento eres tú. Esa es tu voz interior. Es tu inconsciente. Contiene todas las fortalezas y todas las posibilidades necesarias para afrontar todo lo que te sucede y darle respuesta... Tu inconsciente te dice ahora, justo ahora, en este preciso momento... que eres fuerte... puedes lograrlo... y así como venciste a tu primer terapeuta, así vencerás este estrés... del mismo modo que venciste a tu segundo terapeuta, así puedes controlar el estrés... así como transferiste tu estrés a tu tercer terapeuta (a mí) y lograste desestabilizarlo, así también eres capaz de controlar este estrés... De ahora en adelante, ya no tendrás que demostrarle a nadie que estás estresado. A partir de ahora, comprenderás que ya no hay que acurrucarse en los baños. Eres libre, estás completamente liberado... Te sentirás seguro en el patio, en la universidad, en la calle, en casa, en tu barrio, en todas partes. Este sentido de seguridad te acompañará en cada paso que des. Ese estrés ha cumplido su papel tras haberte servido y protegido lealmente en tu juventud, cuando lo necesitabas. De ahora en adelante, el estrés estará en un nivel normal y saludable; ya no lo necesitarás con la misma intensidad... Desde este momento, estás libre de él. Estás liberado de él. Podrás socializar con los demás, compartir con algunos de ellos tus dificultades, tus pensamientos, tus sentimientos genuinos. A partir de ahora, expresa tus sentimientos tal como son. Hoy eres genuino... Tus emociones son sinceras; exprésalas tal como son... Cuanto más honesto seas contigo mismo, mayor paz interior y mayor satisfacción personal sentirás. Como te veas a ti mismo, así te verán los demás... Si te tratas con amabilidad, quienes te rodean te tratarán con amabilidad. Si te amas y envías amor a quienes te rodean, entonces ellos te amarán, y sentirás tranquilidad y calma interior. A partir de ahora, está únicamente en tus manos. Eres capaz, ¡puedes lograrlo!

Suspiró, inspiró profundamente y exhaló. Una lágrima rodó desde su ojo derecho, acompañada de una sonrisa suave y agradable.

Era la sonrisa de la victoria.

Lo saqué de la hipnosis en silencio después de contar hasta diez y darle las instrucciones de despertar. Lo reforcé con algunas afirmaciones sobre la victoria, la fuerza y la sensación de satisfacción con su estado.

Abrió los ojos, se secó las lágrimas de las mejillas, suspiró profundamente y guardó silencio.

Quizá esa victoria requería mi testimonio sobre su estrés. Fue esencial trasladar su poder a su interior.

Y, lo más importante, en el final, se venció a sí mismo y se liberó.

Así, el tratamiento concluyó. De hecho, solo entendí lo que había pasado después de presentar esta situación en un taller celebrado como parte de una de las conferencias a las que asistí sobre el tema de la hipnosis.

¡Si el terapeuta no supera su ego, no hay ninguna posibilidad de que el paciente se libere de su sufrimiento!

Capítulo 10

Su nombre es Saeed (que quiere decir "feliz")

y lo consume la ansiedad

Un caso de miedo escénico

Martes, 15 de abril, a las diez menos cinco de la mañana.

Oye el sonido de una campana que no quiere oír, suspira y, con pasos pesados, se dirige al aula de conferencias de la universidad. Tiene los ojos enrojecidos, los párpados hinchados, los labios resecos y arrastra su gran cuerpo con evidente dificultad.

El corazón le late a toda prisa, y es incapaz de pensar en esos momentos para entender qué está pasando en su cuerpo, qué sale de su boca y qué ocurre a su alrededor. No sabe si sus pensamientos se han quedado en silencio por el cortisol y el miedo, o por el alcohol en su torrente sanguíneo, o por el efecto combinado de ambos. Quizá su «desayuno» —dos sorbos de whisky Red Label apurados de camino a la universidad— haya hecho más efecto del que pretendía.

De hecho, no sabe si, después de esos dos sorbos, siguió con un tercero o incluso un cuarto. No lo recuerda ni logra recordarlo. No cabe duda de que el alcohol afectó su conciencia, y sin embargo, el miedo que lo atenazaba era aún más fuerte. La amígdala de su cerebro se despertó para enfrentar esa amenaza, carente de forma, color o sensación. Parece que su corteza prefrontal ya no funcionaba como se requería y no activó su razonamiento; en esos momentos, sus facultades mentales generales ya no tenían fuerza para cumplir sus funciones.

Él lo sabe bien. Sabe que cuando se enfrenta a cualquier amenaza o lo atrapa el miedo, la amígdala comienza a responder a ese suceso y acelera la liberación de hormonas, como el cortisol, que ayudan en la lucha por la supervivencia. Un proceso similar ocurre en todos los seres vivos, salvo que la naturaleza ha dotado a los humanos de una corteza prefrontal que modera el miedo y les aporta una dimensión racional cuando activa el tipo de pensamiento que, según investigadores del cerebro y antropólogos, es exclusivo del ser humano.

Pero si es así, ¿por qué una persona se comporta como un animal cuando percibe cualquier amenaza a su ego? ¿Por qué se apresura a sacar un cuchillo o una pistola y matar?

¿Cuál es el papel de esa corteza prefrontal de la que hablan los científicos?

En cualquier caso, este no es nuestro tema aquí. Es un asunto filosófico y científico con un sinnúmero de opiniones e interpretaciones divergentes. Atañe, por ejemplo, a la persona que dice una cosa y actúa en sentido contrario. Siempre predica la tolerancia, pero no se abstiene de eliminar a alguien con una palabra, con una mirada o mediante la indiferencia —incluso con violencia.

Todo lo que le interesa ahora es encontrar una salida al aprieto que su profesor le impuso, cumplir con su compromiso y presentar su trabajo a su clase en unos minutos.

Dos semanas antes, precisamente el 1 de abril, su profesor le había pedido que se preparara para entregar el trabajo final y presentarlo a los estudiantes. Al oír esta petición, lo invadió una sensación de asfixia y apenas pudo respirar. Sintió como si sus pulmones se contrajeran y encogieran, sin suministrarle suficiente oxígeno ni tomar suficiente aire. De no ser por su caja torácica, que lo abrazaba con cariño, su corazón habría estallado y huido de su cuerpo mientras él gritaba de puro esfuerzo. Se le enrojecieron las orejas. Los muchos vasos de agua que bebió no lograron apagar su sed ni humedecer su boca y sus labios, y por si fuera poco, gotas de sudor le resbalaron por la frente. Sintió en el estómago un cólico que le despertó un vivo deseo de salir corriendo al baño.

Era la primera vez que lo aquejaba un miedo así.

—¡Dios! Como si el profesor disfrutara torturándome. ¡Al diablo con él! Podría haberme librado completamente de esto. Soy el estudiante siempre fiable y aplicado en el que suele confiar.

Aquel día volvió a casa y no pudo conciliar el sueño. Todo lo que buscaba era sentir un poco de seguridad y esconderse de miradas cargadas de vergüenza. No quería un certificado, ni una instrucción, ni aire contaminado de miedo y ansiedad. Buscaba un modo de protegerse de esta tormenta inminente. Necesitaba mucho más tiempo para prepararse, pero sabía que, aunque tuviera todo el tiempo del mundo, no se sentiría preparado. Sintió una necesidad urgente de ceñirse la ropa al cuerpo y apretar su corbata para que no pudieran quitársela, ni siquiera él mismo. No podía entender su propia alma ni tratarla con indulgencia en tales circunstancias. La ponía delante de sí, le fruncía el ceño, a veces alzaba el dedo índice y a veces la mano en reproche, y pronto se enfadaba con ella por su silencio, empezando a castigarla a pedradas o con una paliza, como si fuera una prostituta que le hubiera sido infiel. Tenía que protegerse de sí mismo.

A pesar de sus muchos éxitos en la vida en general y en sus estudios en particular, su relación consigo mismo siempre había estado marcada por una actitud negativa. Su autoestima y la valoración de sus capacidades nunca se correspondían con los datos objetivos ni con lo que la gente decía de él. Cada vez que se plantaba ante el espejo, no veía más que a un hombre feo, miserable e inútil. Sufría de una autopercepción vacía de sustancia y hacía todo lo posible por ocultarla. Creía que, en general, lo había conseguido, pero se sentía amenazado por el peligro que se cernía ante él y estaba convencido de que estaba a punto de exponer su vergonzosa verdad a sus compañeros de clase.

Esa misma noche, los recuerdos lo llevaron al día en que su profesor de árabe lo castigó cuando estaba en noveno grado, y él abandonó la escuela para no volver.

Era una clase de cultura árabe, y el tema se le grabó en la memoria: uno de los discursos de Al-Hajjaj ibn Yusuf[6]

—¡Saeed, lee! —le ordenó de pronto el profesor.

Saeed miró al profesor y se encogió en su sitio, tratando de desaparecer.

—Eh... eh... ¿yo, em... profesor?

—Sí, tú. ¿Qué te pasa? ¿Por qué estás sentado así? ¡Lee! —dijo el profesor en tono cortante.

Saeed clavó los ojos en las palabras escritas delante de él:

«Soy un hombre célebre y experimentado; cuando me enrollo la imamah (el turbante) en la cabeza, soy reconocido...»

El corazón le latía desbocado, la presión le subió y le ardían las mejillas y las orejas. Conocía bien estos renglones, incluso los tenía memorizados, pero no podía hacerlos salir de su boca.

Solo necesito empezar; luego todo encajará, pensó para sí.

Buscó dentro de sí la manera de articular con fluidez

la letra alif —el desafío mismo que se planteaba al inicio del discurso. El discurso exigía elocuencia, autoconfianza, buena retórica, una mirada penetrante y una lengua afilada, mientras que él padecía tartamudez desde la infancia.

Masculló el discurso para sí sin que nadie más lo oyera. El problema no residía en la pronunciación de las palabras, sino en su autoconfianza. Cuanto más intentaba ocultar la tartamudez que llevaba dentro, más lo traicionaba, encontrando una salida e invitando a la burla y al escarnio. Al instante, imaginó voces de risa resonando a su alrededor; risas que reverberaban una y otra vez durante las partidas de cartas en las casas de sus compañeros de escuela.

Se examinó en silencio, pasó la página del libro que tenía delante y luego la devolvió en un intento de ganar unos instantes para asentar la lengua y los movimientos de la boca, enfrentarse a sí mismo y empezar a leer. Tomó una profunda bocanada de aire, exhaló rápido sin girar la cabeza a ningún lado y vio decenas de ojos siguiéndolo en silencio, esperando el momento en que estallarían en carcajadas. Los vio acechando a su alrededor, ávidos por abalanzarse para divertirse un poco y sacudirse el evidente sopor que los había atrapado a esa hora del mediodía, agravado además por lo árido de la lección. La falta de cultura en aquella clase de cultura estaba a punto de sumarse al talante sombrío del profesor, cuya voz grave y nasal sonaba como si Dios hubiera compuesto una sola nota en la escala musical.

Saeed se negó a ser el salvador, se negó a ser el payaso, y eso añadió presión sobre la presión.

Se desafió a sí mismo.

Empezó a practicar en silencio, buscando la manera de producir el primer sonido y empezar con Yo.... Pero la palabra se negaba a salir.

Transcurrieron varios momentos en un silencio mortal mientras todos esperaban que salieran palabras de su boca, con los ojos fijos en el libro y los labios buscando un lugar seguro por donde empezar a hablar. Sintió clavada en él la mirada del profesor y, desde todas las direcciones, las miradas de sus compañeros.

Pasaron unos momentos más, aumentaba la presión mental y se le encendía la cara. Comenzó a sentir calor que emanaba de sus orejas y luchaba en silencio consigo mismo para encontrar una solución... intentar... solo el comienzo, después las palabras fluirían espontáneamente.

En el momento en que empezó:

—...un hombre célebre y experimentado...

El profesor interrumpió sus palabras:

—Desde el principio, Saeed.

Saeed no respondió.

—Te dije desde el principio. ¿Qué te pasa? 'Soy un hombre famoso... Yo... ¡Yo! ¿Por qué te adelantaste?

Saeed no respondió.

El maestro lo miró, y en su rostro apareció una sonrisa mezclada con un atisbo de burla y desprecio. Era un maestro singular: un cazador diestro que aprovechaba cada oportunidad para atrapar a un alumno y sometерlo a la mofa y la ridiculización ante toda la clase. Todos los alumnos estallaban en carcajadas, tanto por miedo como por el deseo de complacerlo, mientras él se hinchaba como un pavo real que había satisfecho sus deseos. ¡Ay, del alumno que cayera en esa trampa! Y ahora alguien había caído.

Pero Saeed no estaba dispuesto a ser presa.

—¡Yo... yo... n–n–no q–q–quiero l–l–leer, maestro! —dijo en voz alta, con los ojos muy abiertos y el rostro contraído mientras tragaba saliva.

Sabía cuáles serían las consecuencias de su negativa. Entendía que la batalla con el maestro había comenzado, y que él tenía la culpa por enfrentársele, por no permanecer en silencio, por declarar por fin que no sería una víctima.

—¡¿Qué dijiste?!

—¡No quiero leer! —dijo con voz alta y clara, sin tartamudez alguna. De pronto, sintió cómo las palabras fluían de su boca sin ningún freno.

—Sí, no quiero leer —repitió con énfasis, y aparecieron unas cuantas sonrisas tenues en los rostros de sus compañeros.

El maestro captó lo que estaba sucediendo y se dio cuenta de que se avecinaba una confrontación: alguien desafiaba su autoridad— y sonrió.

—¡No, sí quieres! —replicó el maestro con fuerza.

Pasaron unos momentos de silencio, y Saeed sintió un calor que le brotaba con más fuerza en la cara y en las orejas, mientras el cortisol se apoderaba de cada célula de su cuerpo y la adrenalina reinaba en el campo de batalla. ¡Lo estaba enfrentando! Su corazón se desbocó, y la sangre fluyó con fuerza por cada fibra de su ser. Nunca se le había encendido la ira como en ese momento.

—No me conoce... ¡Ya verá! —murmuró para sí con tono amenazante.

—Está bien, sal. Sal... n-n-no q-q-quieres l-l-leer, ¿eso es lo que dices? Sal y espérame junto a la oficina del director. —dijo el maestro burlonamente.

Así terminó su primer capítulo. Esos fueron los últimos momentos de Saeed en esa escuela.

Se fue y no volvió jamás.

Las miradas airadas y burlonas del maestro lo siguieron, y los susurros sonrientes y desdeñosos de sus compañeros se arremolinaron a su alrededor.

Y también había un par de ojos tristes, comprensivos y amorosos—ojos que irradiaban bochorno y vergüenza cada vez que los percibía en los recovecos de su mente. Eran los ojos de su amada que, siempre que se cruzaban con su mirada, se apartaban con amor y anhelo.

Tan insoportable era la vergüenza ante su amada, y tan cruel la exposición de su verdadero yo ante ella.

Esa escena se le pasó por delante de los ojos una y otra vez aquella noche de principios de abril.

—No, no volveré allí nunca más —se dijo, y juró hacer las paces consigo mismo y defender su identidad.

Esa noche fue sin duda muy fructífera, y en ella encontró una solución.

—Genial, conozco el camino... aunque lo abandoné hace mucho. ¡Eso es lo que haré!

Y se durmió con una chispa de esperanza en el corazón.

Dos semanas pasaron en un abrir y cerrar de ojos. Pasó la mayor parte del tiempo planeando y reflexionando, y no dejó de repetirse palabras que lo sumían en un estado de hipnosis profunda:

—No, no es posible sin alcohol... No es posible... No es posible... No es posible...

Martes, 15 de abril, un minuto antes de las diez de la mañana.

La campana sonó por segunda vez, anunciando el comienzo de la clase. El repique no cesó hasta que el profesor se puso en pie en el aula y esperó a que llegara el último de los estudiantes.

—Maldita sea la campana, y maldito el profesor que nunca llega tarde —murmuró para sí mientras se maldecía a sí mismo y a todos.

No hay manera de que lo logre. Seguramente tartamudearé, y se reirán y se burlarán de mí. No valgo nada, soy un f-f-fracaso...

Esas eran algunas de las palabras que se repetía a sí mismo. Su amargura y severidad crecían y lo sumían una vez más en un estado de hipnosis negativa, un estado en el que gastaba gran energía.

Tan extraño era este trance de auto-hipnosis negativa que a menudo arremetía contra sí mismo y cedía.

Con gran dificultad, se arrastró y se plantó ante un mar que le parecía tumultuoso, las olas subían y bajaban. Muchos rostros similares, inexpresivos, lo seguían—rostros de ojos grandes que lo observaban por un instante, para luego desvanecerse y reaparecer en otro lugar, a su derecha y a su izquierda, delante y detrás de él, tanto lejos como muy cerca. Estaban en sus pensamientos, dentro de su cabeza. Eran ojos que querían desgarrarle la ropa y penetrar sus mecanismos de defensa, para que volviera a ser aquel niño indefenso y desnudo al salir del vientre de su madre.

Comenzó a bambolearse como un árbol alto de tronco frágil azotado por el viento. Su voz se alzaba, luego enmudecía, suspiraba y volvía suave y tenue. Cada sonido que salía de él era como el gemido del mar, dispuesto a tragarlo.

Ese estado persistió durante unos instantes que parecieron una eternidad.

De pronto, se le acercó una voz que conocía bien, y una mano grande le dio una palmada en el hombro.

—Está bien, Saeed. Suficiente. Puedes volver a tu asiento o irte a casa a descansar.

Era la voz del profesor, tranquilizadora y empática.

Se encontraba en los primeros años de su cuarta década. El mayor de tres hermanos, de una familia de clase media. Su padre trabajaba en una de las fábricas y su madre era costurera, trabajaba desde casa cosiendo ropa de mujer. Saeed estaba casado y tenía dos hijas, la mayor de las cuales aún no cumplía diez años. Por la información que recibimos, quedó claro que había sido un alumno tímido e introvertido. Sus vínculos sociales eran limitados y solo se relacionaba con sus dos hermanos y con uno de los hijos del vecino, tres años menor que él. Por ello, fue derivado para una evaluación psicológica, que indicó una capacidad intelectual promedio dentro de la norma, con un CI de 93. Su nivel de funcionamiento era relativamente bajo en comparación con su potencial intelectual, no realizado debido a dificultades emocionales y baja autoestima. En la secundaria, los profesores comenzaron a quejarse de problemas de conducta, aunque sus logros académicos eran buenos. En el bachillerato asistió solo tres meses antes de marcharse, debido a esa misma confrontación con el profesor de literatura.

Tras abandonar sus estudios, vagaba por las tardes por el barrio bajo del pueblo, con la esperanza de vislumbrar a su amada sentada en el balcón o de pie detrás de la pequeña ventana de su cuarto. Cada vez que veía una figura en movimiento en una casa, el corazón le daba un vuelco, y sentía como si su cálida presencia lo envolviera y su sonrisa encantadora lo abrazara. No la había visto desde el día en que el profesor de literatura lo expulsó de clase y, aunque no dudaba de que la amaba, nunca le reveló su amor por miedo a la vergüenza.

Pasaba frente a su casa y caminaba como si se dirigiera a algún destino del barrio, y cada vez que se topaba con alguien por casualidad, sentía en lo más hondo que debía explicar su presencia allí. Aunque nadie jamás le cortó el paso ni le preguntó nada, seguía viendo miradas que lo acechaban, siguiendo cada uno de sus movimientos. Pensaba para sí que su comportamiento era repulsivo y que era vergonzoso de su parte espiar chicas a hurtadillas.

—Pero no las espío. Todo lo que quiero y sueño es verla, aunque sea por un instante—se decía para defender su honor

Le encantaba caminar por los lugares donde alguna vez resonaron sus pasos, sobre la tierra que había rozado las suelas de sus zapatitos, para atrapar un aroma que le recordara a ella, y quizá oír su voz llamando a su madre. Se le ocurría que, si la suerte estaba de su lado, podría de pronto encontrársela cuando regresara a casa de algún lugar.

En el momento en que imaginaba el encuentro fortuito, se angustiaba. Aunque se cruzaran, no tendría el valor ni siquiera de saludarla ni de mirarla a los ojos. Y sin embargo, le bastaba con que ella lo viera y con sentir la brisa que quedaba tras su estela al pasar y que lo envolvía.

Tenía miedo de compartir su amor con ella.

Su amor por Layla era su secreto más profundo.

Unos meses después de dejar la escuela, oyó de un amigo una noticia que lo conmocionó.

—¿Oíste que Layla se comprometió y está a punto de casarse?

—¿¡Quééé!?

—Me dijeron que su boda será el próximo sábado. Se casa con un hombre de Haifa que es mucho mayor que ella.

Al oír las palabras, su mundo se oscureció. Echó a correr hacia la parte baja del barrio, con la esperanza quizá de vislumbrarla desde lejos y echar una última mirada. Quiso gritar con todas sus fuerzas que la amaba, pero el miedo y la tartamudez lo frenaron, y su corazón guardó silencio, sin que nadie lo oyera. Observó su casa desde la distancia y vio figuras y sombras aquí y allá — una persona en el balcón y oscuridad detrás de la ventana. Al final, se cansó y rompió a llorar.

Llegó el Día del Juicio y se alejó del pueblo, sentándose en la valla divisoria junto a la carretera que conduce a Haifa, esperando despedirse de ella.

Pasaron algunos coches, silbando en un coro de sonidos. Poco a poco se alejaron, sus voces apagándose poco a poco mientras el fuego en su corazón ardía cada vez con más intensidad.

No vio a nadie, pero en su mente la veía, vestida de blanco y llorando.

Estalló en un llanto prolongado, sin vacilar y sin tartamudear.

Desde ese día, Layla desapareció.

Lo describían como un tipo sensato, aunque perezoso. Poco después de terminar la secundaria, se acercó a la religión y empezó a pasar largas horas en la mezquita. Siendo aún joven, sus padres lo presionaron para que se casara. Una mujer fuerte se ocupa de sostener a su marido, decían. Y así fue.

Dos años después de su matrimonio, nació su primera hija. Su esposa, varios años mayor que él y como una segunda madre para él, lo animó a terminar la secundaria en una escuela árabe. Concluyó sus estudios, y el promedio de sus calificaciones finales le permitió cursar Consultoría Organizacional y Administración de Empresas en la universidad.

—Quiero ser un hombre de negocios—solía decir.

Amó la universidad en la que estudió tras batallar con las durezas de la vida y madurar tanto intelectual como conductualmente. Adquirió experiencia social y logró romper la barrera del miedo que sentía hacia los aldeanos que conocía.

La tartamudez que lo había acompañado en la escuela había desaparecido, hasta que ese mismo momento reavivó aquello que se había esforzado por olvidar. Esta exposición está maldita, dijo.

Comprendió que tenía un problema oculto que ahora reaparecía con otra forma —y que necesitaba ayuda.

Intentó buscar ayuda a través de uno de los motores de búsqueda de internet y, tras leer lo que encontró, concluyó que padecía lo que se llama pánico escénico, siendo la tartamudez solo uno de sus síntomas. Probó diversos métodos para afrontarlo, incluido el coaching personal mediante ejercicios recomendados por los distintos participantes en los sitios web que visitaba.

Trató de convencerse de que ese miedo no era más que un pensamiento nacido de las artimañas del diablo, y que no debía escucharlo ni actuar en consecuencia. Debería combatirlo leyendo repetidamente a Hadiz[7] y pasajes del Corán. Sin embargo, todos esos intentos fracasaron, y su estado no solo no mejoró, sino que empeoró.

Intentó ejercicios de relajación, pero apenas cerraba los ojos veía ante sí rostros que bromeaban, se burlaban y reían —y salía huyendo.

Su desesperación crecía y se sentía completamente impotente. Un pensamiento lo atormentaba: ¿Qué dirán de mí? Seguro que dirán: Este hombre está perdido, es un fracasado: nunca saldrá nada bueno de él.

Había una sola pregunta respecto al gran problema al que ahora se enfrentaba: ¿Cómo superará este miedo? ¿Huirá? ¿Se acobardará?

—No. Me llamo Saeed, y soy Saeed,[8] soy fuerte... ¡Qué vergüenza! Me avergüenzo de mí mismo. Soy capaz, soy fuerte, soy Saeed... pero no soy feliz, soy un cobarde, soy... y aun así me siguen llamando Saeed (feliz). No soy nada.

Y así siguió hablándose a sí mismo.

Era un diálogo entre el ataque y la retirada. La retirada, la huida y la rendición lo desbordaban.

Todo irá bien; con dos pastillas sedantes, todo estará bien, intentó convencerse.

Martes 22 de abril, a las 9:15 de la mañana.

Era el segundo y último plazo fijado por el profesor para que presentara su trabajo a los estudiantes. Fue a la farmacia donde trabajaba uno de sus amigos, consultó con él sobre un medicamento adecuado, y el farmacéutico le vendió unas pastillas y le aconsejó:

—Toma una pastilla media hora antes de la presentación.

Siguió el consejo y se tragó una pastilla; luego esperó unos momentos, sin sentir ningún cambio en su estado mental. Pasó un minuto, luego dos, luego tres... como si hubieran pasado horas. No se produjo ningún cambio, y su ansiedad no hizo más que aumentar. A pocos minutos de que comenzara su intervención (aún no estaba listo) se tragó otra pastilla. Al cabo de unos instantes, su ansiedad creció aún más, pues seguía sin notar diferencia. Por último, se tragó una tercera pastilla y entró al aula.

Quedaba un cuarto de hora para que comenzara la presentación.

De pronto, sintió una oleada de relajación, una intensa debilidad física y una necesidad apremiante de dormir. Incapaz de mantenerse en pie, se sentó en una silla del aula. Aunque no oyó sonar la campana, notó que los estudiantes iban entrando al aula uno tras otro o en pequeños grupos, susurrando, riendo y comentando diversos asuntos. Cada quien tomó su lugar, preparándose para escuchar tres breves presentaciones de sus compañeros. Entró el profesor y llamó a Saeed para que fuera el primero. Saeed comenzó su presentación, pero no recordó nada de ella. Se volvió hacia su presentación y la leyó palabra por palabra con una voz que apenas oía. De pronto, su voz se desvaneció; sintió que las palabras no salían de su garganta. Miró alrededor, desconcertado, pero no vio a nadie, no oyó el sonido de olas rompiendo, ni vio rostros asomados desde las alturas del aula. En verdad, no veía ni aula ni público, sino que solo escuchaba murmullos aquí y allá y suaves ráfagas de risa como si emanaran de un pozo seco, profundo y oscuro. La intensidad de esas voces lo abrumó y lo devolvió a aquel célebre discurso de Al-Hajjaj ibn Yusuf.

El profesor pidió reunirse con él después de la presentación y le recomendó que buscara asesoramiento psicológico.

Completó su maestría mientras lidiaba con un tormento psicológico indecible. Cada vez que le pedían dar una presentación, intentaba eludirla; a veces lo lograba y a veces tenía que recurrir a fármacos sedantes, a los que parecía haberse vuelto adicto. Los utilizó durante sus estudios universitarios y, más tarde, en su trabajo como gerente administrativo en una de las pequeñas organizaciones locales, cada vez que debía presentar un informe anual ante el consejo general.

El tratamiento psicológico recomendado por el profesor duró dos años, pero no le ayudó, en parte porque no pudo continuarlo debido a los elevados gastos. Ahora estaba a punto de aceptar el trabajo con el que había soñado durante mucho tiempo: director general de una gran compañía de marketing en la región. Sin embargo, consciente de la responsabilidad personal que recaía sobre sus hombros y de los efectos de los fármacos sedantes, decidió probar otra forma de tratamiento psicológico: la hipnosis.

—Quiero liberarme de mis miedos y también de los sedantes —dijo cuando me llamó y pidió concertar una cita.

Llegó a mí cuando tenía treinta y tres años, soñando con progresar y ser el sustento propio y de su familia.

Un hombre alto, de complexión robusta, que aparentaba más edad de la que tenía, medio calvo y meticuloso en el arreglo de su largo bigote, que le cubría por completo el labio superior. Su aspecto daba fe de un arreglo minucioso, incluso ostentoso. Llevaba una camisa blanca y un pantalón negro cuidadosamente planchado.

Entró en la consulta con una sonrisa que dejaba ver unos dientes amarillentos dispuestos en un orden impecable.

Tras indicarle que tomara asiento, se acomodó en el sillón especial y se me adelantó con una pregunta sobre el gong de la sala.

—¿Qué es eso? Parece que te tomas las cosas muy en serio —dijo con una sonrisa.

—Hola—respondí, y esperé a que continuara.

En efecto, ocurrió lo que había anticipado y me acerqué a él.

—Mira, no me falta nada. Alabado sea Dios—tengo una maestría, una familia amorosa y maravillosa, y un sustento respetable.

—Ya veo... Quieres decir que no te falta nada...

—Pero... no sé qué más decirte aparte de lo que te mencioné por teléfono. Tengo pánico escénico. Hermano, no sé qué me pasa cuando me pongo delante de la gente. Debo abordar este problema. He leído sobre la hipnosis y creo que solo tú puedes ayudarme—dijo con vacilación.

—Estoy sentado en una habitación tranquila y oscura, viendo la película romántica 'Mensaje en una botella', protagonizada por Kevin Costner, Robin Wright y Paul

Newman. Mi esposa fue a visitar a sus padres y me quedé solo. Me preparé una tetera de café. Afuera hace frío. La habitación está en el segundo piso y tiene un pequeño escritorio y un aire acondicionado que, la mayor parte del año, funciona solo unos pocos días porque el clima en esta zona suele ser templado. No hay cortinas en las ventanas, porque me gusta mirar hacia afuera sin nada que me obstaculice la vista. Desde la ventana sur veo a lo lejos al Monte Merón y los árboles verdes que lo cubren. Desde la ventana norte veo los olivos que coronan la colina cercana. Allí, entre los olivos, se alza un gran y antiquísimo algarrobo, tal vez centenario. A veces me gusta ir allí, sobre todo cuando me siento aburrido o cuando deseo relajarme. Me siento bajo el árbol, me fumo un cigarrillo, contemplo sus ramas y escucho el rumor de las hojas. En el árbol, un nido de palomas silvestres se renueva con regularidad, y he visto con mis propios ojos a muchos pichones alzar el vuelo desde él.

Era el refugio seguro de Saeed, donde se sentía a gusto. Más precisamente, era como si dos lugares seguros se hubieran fundido en uno: desde la habitación resguardada en la que permanecía, se aventuraba hacia otro refugio donde las palomas silvestres reconstruyen sin cesar sus nidos y crean nuevas vidas con seguridad y vitalidad.

Salió de la habitación hacia el árbol y se sentó bajo él; luego volvió a ver Mensaje en una botella. Le pedí que escribiera una carta y la metiera en una botella, y eligió escribir sobre todo aquello que le removía miedos y preocupaciones. Cuando pregunté qué pensaba hacer con la carta y la botella, respondió que las enterraría en un lugar lejano donde no ha pisado pie humano.

Y eso fue exactamente lo que sucedió durante la inducción hipnótica (la fase inicial del proceso de hipnosis), utilizando el gong.

Una vez... dos veces... treessss

Gong... goooong... goooooong...

—Ahora es el momento de la verdad —dije. —Estás entrando al aula de conferencias de la universidad: el mismo salón donde diste tu primera conferencia... y tu segunda... En este salón, vas a soltar todas tus experiencias pasadas. Las has cargado suficiente tiempo, y ahora ha llegado el momento de dejarlas ir... En este salón, donde enfrentaste tus miedos, renunciarás a todas las experiencias que has llevado a cuestas a lo largo de los años, porque ya no las necesitas. Desde este lugar, abrazarás nuevas experiencias que se convertirán en hermosos recuerdos que anhelarás revivir una y otra vez... En este salón ahora se sienta un público, esperando oír tu conferencia, escuchar de ti todo aquello que no dijiste entonces.

Noté que su cuerpo empezaba a hablar y a expresar una sensación de inquietud.

Se las está arreglando, me dije.

—Bien, Saeed... excelente... Eres capaz... ¡bien hecho!

—Siento que el corazón me late con fuerza... como si quisiera salirse de su sitio.

—Excelente... es una sensación positiva... tu corazón se acelera... lo que significa que está confrontando... está bailando... está vivo... es fuerte.

Comenzó a respirar con rapidez, moviendo la cabeza en silencio de lado a lado, expresando una sensación de malestar.

—Ahora estás hablando ante el público, Saeed... estás de pie frente a ellos y hablas... Caminas de un lado a otro sobre el escenario... Ves sus ojos siguiéndote y mirándote con admiración... tu discurso es fluido, claro —una sensación buena y agradable... Eres genial... Tienes éxito... Esta es una experiencia hermosa.

Se calmó un poco, pero su cuerpo seguía mostrando una marcada sensación de malestar. Decidí pasar al lugar seguro:

—Ahora estás sentado bajo el algarrobo... el clima es agradable... brisas suaves acarician tu rostro... tu cuerpo... el aroma del árbol impregna tus fosas nasales... los pichones de palomas silvestres pían, quizá quieran compartir tu alegría... Pasas la mano por el tronco del árbol y sientes su firmeza y la fuerza de los siglos... Te acercas al hornillo de gas portátil y lo enciendes... el sonido del fuego crepitando llega a tus oídos, y la llama danza con las ráfagas de viento... Pones la tetera... ahh... el aroma del café asciende a tus fosas nasales... Te sientas en absoluta comodidad y bebes tu café. Estás solo... Eres libre, respiras libremente y con calma... Tú elegiste este lugar... Tienes control de ti mismo, eres fuerte.

Cuando noté que su cuerpo se había relajado,

continué con la segunda fase del tratamiento, que le proporcionaría las herramientas para superar el miedo al que se enfrentaba.

—Tienes un control remoto en la mano y ves tu película favorita. En este control hay dos botones: verde y rojo, que al presionarlos puedes gestionar tus emociones, pensamientos y conducta, y controlarlos. Cuando presionas el botón verde, ves imágenes hermosas. Estás sentado solo en tu habitación silenciosa, tal como te gusta, viendo la película romántica 'Mensaje en una botella'. La calma reina en el lugar. Afuera hace frío, y brisas agradables penetran por las ventanas abiertas. Quizá apartas la vista de la película hacia afuera y ves a lo lejos el Monte Merón y los árboles verdes que lo cubren, o tal vez decides mirar hacia el norte y ves los olivos que cubren la colina cercana. Allí, entre los olivos, se alza un algarrobo grande y antiguo que parece tener cientos de años. Quizá decides ir allí, sentarte bajo el árbol, fumar un cigarrillo, observar sus ramas y escuchar el susurro de sus hojas. Puedes ver el nido de las palomas silvestres. Una paloma sobrevuela (tal vez quiera poner sus huevos o alimentar a sus pichones, o quizá simplemente esté comprobando el estado del nido). Ves tu habitación y el algarrobo, hueles el aroma del café y oyes el susurro de las hojas del árbol y el arrullo de las palomas. Sientes placer, confianza y tranquilidad. Cuando presionas el botón rojo, ves imágenes acompañadas de tensión y ansiedad, imágenes que no quieres ver. Exactamente así. Cuando presionas el botón verde, te desplazas a un lugar seguro.

Tras repetir la experiencia de presionar los dos botones, el verde y el rojo, mientras Saeed aún se encontraba en estado de hipnosis, volví con él a la primera etapa:

—Bien, Saeed, ahora puedes seguir fortaleciendo tu sentir interno y tu confianza en ti mismo. Ahora sientes una tranquilidad completa... después de que escribiste la carta, la pusiste en una botella y la enviaste al lugar al que está destinada. Ahora sientes una tranquilidad completa... Con esta sensación maravillosa, puedes imaginarte el control, ver el botón verde iluminándolo... sonriéndote... Permaneces con esta sensación unos momentos, viviéndola en cada detalle... Ves ante ti a un público que te mira y espera con ansias tus palabras... Hablas... hablas sobre algún tema... sintiendo que las palabras fluyen de tu boca de un modo absolutamente libre de trabas... con facilidad... En tu mente surgen ideas bellas y giros de frase maravillosos... Los dices y ves satisfacción e incluso asombro en sus ojos... ellos lo disfrutan... y tú también lo disfrutas... Una sensación de calma se extiende por todo tu cuerpo, y sientes una energía que fluye por cada una de tus células... por cada miembro... Ahora miras el botón rojo, lo presionas y sientes tensión y ansiedad. Ves ante ti una multitud y te cuesta organizar tus pensamientos y elegir tus palabras... Tartamudeas un poco... tartamudeas aún más... entre los espectadores se oyen risas... Ahora presionas el botón verde y todo eso se detiene... Una sensación de tranquilidad se extiende por tu cuerpo y toma el control de tus pensamientos... Eres feliz... Lo disfrutas... y de este modo puedes controlar tus pensamientos, tus palabras y tu autoconfianza. Puedes controlarlos con serenidad, confianza y facilidad cuando presionas el botón verde del control... El botón verde está siempre ante ti y a tu alcance... estará allí siempre que lo desees... siempre que lo necesites... solo presiónalo y todo estará bien.

Después de que Saeed practicó pasar de un estado de tensión al estado opuesto de tranquilidad, confianza y soltura, y después de que practicó controlar sus emociones, le pedí que las practicara también en casa, usando la auto-hipnosis en la que había trabajado durante las sesiones.

—Cada vez que te sientas tenso, verás la luz verde sonriéndote. Todo lo que tienes que hacer es presionar el botón verde... Sentirás una calma y una tranquilidad cuyo origen no puedes comprender... Tú también sonreirás y te dirás a ti mismo lo fuerte que eres... lo seguro de ti mismo que eres... lo capaz que eres...

Además, se le pidió que enfrentara situaciones de presión reales, que creara una circunstancia que lo obligara a hablar ante un grupo de personas, sin importar su número. Lo principal era confrontar una situación que hasta ahora se le había escapado. Naturalmente, él sería quien determinara el nivel de dificultad de la situación. Podía empezar en un nivel bajo y hablar ante un grupo conocido para él, o en un nivel más alto y hablar ante un grupo numeroso de desconocidos.

Era un método de tratamiento conductual y de apoyo que empleaba hipnosis básica, pero por su propia naturaleza, no era el único.

Aceptó la invitación para participar en la reunión mensual del cuerpo docente del instituto que había dejado dieciocho años antes, y aparcó su coche en el patio de la escuela justo en el momento en que sonó la campana que señalaba el fin de la jornada escolar.

El lugar despertó en él emociones encontradas.

Pensamientos y malos recuerdos lo devolvieron a sus días de escuela. Era ese mismo edificio del que se marchó para siempre el día en que la letra Álef, con la que Al-Hajjaj ibn Yusuf insistía en abrir su discurso, se le atoró en la garganta. Otros recuerdos también lo llevaron de vuelta a sus días universitarios. Era exactamente el mismo sonido de campana del día en que, tambaleándose por su embriaguez, fue incapaz de mantenerse firme ante sus compañeros.

Llamó hacia sí el control remoto y vio iluminado el botón rojo. La tensión que habitaba en él aumentó, y surgió en su interior un fuerte deseo de volver a su casa, a ese lugar seguro. Sin embargo, en ese momento, vio la luz verde y, sin darse cuenta, su dedo se movió hacia ella, la presionó y sonrió.

Se tomó unos momentos para llenar de aire el pecho y el abdomen y lo exhaló en una respiración tranquila.

Repitió esta respiración tres veces, cerró los ojos y sacó el control remoto virtual para asegurarse de que el botón verde seguía iluminado. Sonrió una vez más, abrió los ojos y salió de su coche.

Entró en la oficina del director, se sentó allí solo a beber una taza de café y a prepararse para la reunión que estaba a punto de celebrarse en el salón de la escuela. El corazón le latía un poco más rápido y comenzó a sudar ligeramente bajo las axilas. No obstante, siguió concentrándose en la respiración, bebió un poco de agua y sostuvo el control remoto virtual en la mano, con el botón verde que seguía brillando, para calmarlo y asegurarle que todo estaría bien.

Al cabo de un rato, el director de la escuela entró en su despacho y lo invitó a acompañarlo a una reunión durante la cual debía dar una conferencia sobre la preparación de un plan de trabajo anual. El temblor de su corazón aumentó, pero se tranquilizó diciéndose que todo iría bien, puesto que el control remoto seguía gobernando sus emociones positivas. Entró en el salón y se plantó ante lo que le pareció un mar embravecido, pero pronto se calmó. Muchas caras lo miraban y sonreían—algunas parecían cansadas después de una larga jornada de trabajo, otras relajadas, pero todas lo esperaban con gran expectativa.

Sonrió para sí mientras comprobaba el control remoto y vio que seguía funcionando. Dio un paso a la derecha y otro a la izquierda y comenzó a hablar. Su voz sonaba clara, estable y fuerte. Aquí y allá, leves tartamudeos lo acompañaban, añadiendo fuerza a sus palabras.

Siguió hablando de este modo sin saber de dónde venían sus pensamientos ni de qué fuente extraía sus palabras. El silencio reinaba en el salón, y ojos que anhelaban escucharlo con mayor atención estaban fijos en él. No tenía idea de cuánto tiempo había pasado hasta que oyó la voz del director decir:

—Sr. Saeed, ha excedido el tiempo que se le asignó. Por favor, intente terminar su conferencia.

Sonrió y preguntó a los presentes si tenían alguna pregunta.

Lo que hicimos durante el tratamiento fue suficiente.

Para la siguiente sesión, vino con la petición de regresar en el tiempo mediante hipnosis a aquel día en que no pudo recitar el discurso de Al-Hajjaj ibn Yusuf.

Sentía una necesidad intensa de corregir la experiencia que tuvo entonces y de demostrarse a sí mismo, a su mentor —y también a su amada— de que era capaz y que era fuerte.

Y, en efecto, así fue.

Pasaron años desde el breve tratamiento, durante los cuales Saeed no dejó de enviarme saludos a través de cada persona que conocía en una conferencia, un congreso o una reunión de trabajo. Les preguntaba si me conocían y les revelaba el secreto de su éxito profesional actual.

—Es el gong—decía.

Capítulo 11

Adel

Emetofobia – miedo incontrolable a vomitar

Durante su primer encuentro en el aula de la universidad, se enamoró de ella. Una chica hermosa, de baja estatura y modesta, cuyas gafas acentuaban su rostro y cuyo corte de pelo corto realzaba su belleza.

Se enamoró de ella, pero no sabía cómo acercarse.

La soñaba e imaginaba el roce de su mano suave y su sonrisa agradable cuando lo miraba o lo abrazaba. Su amor por ella, su silencio en su presencia y su renuencia a acercarse le aceleraban el corazón, y se le ocurrió que él no se parecía en nada a esos hombres que persiguen a cuanta chica encuentran solo por diversión y entretenimiento, o para satisfacer su ego narcisista y masculino. Él era diferente. Sin embargo, a ella tampoco le alcanzaba el valor para acercarse a él. Le enviaba miradas suaves y amorosas desde lejos y esperaba.

Por su parte, él esperaba una oportunidad, un salvador o un intermediario.

Y ella esperaba el valor.

El primer año estaba por terminar junto con las clases, las discusiones, los recreos, los encuentros matutinos y vespertinos, las reuniones en la cafetería donde conversaban como dos amigos en su banco escolar, con los ojos llenos de un amor que solo esperaba una declaración verbal. Ni él ni ella entendían por qué las palabras tenían que ser necesariamente parte de la expresión del amor. ¿Acaso no bastaba una mirada, un latido, o un momento de un encuentro casual —aunque, en aras de la equidad, la transparencia y la justicia, habría que decir que fue hábilmente planificado por ambos?

Pasaron meses, y nunca tuvo la oportunidad de acariciar su mano, su rostro y su corto cabello negro.

Hasta que llegó una oportunidad, orquestada divinamente con la intención de ayudarlos, y esta vez sí fue una coincidencia verdadera.

Se encontraron en uno de los cafés de la ciudad vieja, lejos de la universidad, y estaban solos, pues el resto de sus compañeros no pudo llegar. Él se sentó frente a ella y se le quedó mirando a los ojos. En su corazón, le dijo muchas cosas que podría haber resumido en una frase: Te amo desde la primera vez que te vi. Ella le dirigió una mirada interrogante y expectante, como diciendo Vamos, hombre. Entendió su mirada, pero las palabras se le perdieron en la boca. De pronto, sintió náuseas. No encontró palabras para decirle, y sin embargo un volcán en su interior buscaba una salida. Colocó la mano derecha sobre el cuello, se desabrochó el primer botón de la camisa y, en un intento de desobstruirse la garganta, la presionó. Sus ojos se enrojecieron y se le salieron de las órbitas. Le dirigió una mirada suplicante, implorando ayuda, giró la cabeza a derecha e izquierda, tragó saliva y se estremeció de miedo y vergüenza.

Se levantó y corrió al baño sin disculparse con ella, pues abrir la boca en ese momento habría sido peligroso. De haberla abierto, no habrían salido palabras porque...

Corrió hacia el baño. Y ella lo acompañó con una mirada de empatía, lástima e impotencia...

No sabía cómo protegerlo de los sentimientos de vergüenza que percibía que emanaban de él...

Después de expulsar su bilis amarilla, volvió a la mesa, avergonzado y desalentado.

Ella no estaba allí.

Se había ido.

Después de aquel encuentro, el destino no volvió a arreglar que se encontraran, salvo en el aula, donde o bien él llegaba tarde o ella era la primera en irse.

Un saludo distante y miradas esquivas bastaban para ambos.

Estudió odontología. En época de exámenes, tomaba una pastilla de Dramamine contra las náuseas una hora antes del examen. Tras terminar sus estudios, tomaba esa pastilla antes de dirigirse a una entrevista de trabajo, una reunión, un evento social o cualquier encuentro con gente nueva.

Todas las pruebas médicas a las que se sometió cada año, que fueron numerosas y variadas, desde que era estudiante de secundaria no señalaron ninguna razón médica para su condición.

Pero todo marchaba sin contratiempos. Tomaba una pastilla de Dramamine por la mañana y su jornada laboral transcurría sin que vomitara. Por mayor precaución, llevaba una bolsa de plástico en el coche por si olvidaba tomar la pastilla o la tensión se hacía demasiado grande y necesitaba una pastilla extra que no estaría a su alcance.

Se llama Adel y tiene veintiocho años. De baja estatura y complexión recia. Suele vestir vaqueros y una camisa blanca de verano. Su pelo es negro, espeso y largo. Sus ojos son grandes y ligeramente enrojecidos, y su color es un marrón claro, como el color de la miel.

Sonríe mucho y rara vez se comunica a través de la mirada.

Es el hijo mayor y tiene dos hermanos. Su padre trabaja en educación. Su madre murió junto con su amiga en un accidente de tráfico cuando iban de camino a una jornada de estudio**. Un camión se desvió de su curso, chocó con el pequeño Fiat en el que viajaban y lo aplastó sobre sus ocupantes. El personal de rescate y de bomberos luchó para extraer los dos cuerpos del coche. Todas sus pertenencias —la bolsa que llevaban, los cuadernos y los papeles— se mezclaron. Él era entonces alumno de noveno grado.

—¿Cuáles son las experiencias por las que has pasado, y sigues pasando, que tu estómago no puede soportar y digerir, y que expulsa?— susurré mientras anotaba unas notas.

—Dicho de otro modo, ¿qué debe suceder para que no vomites?— le pregunté directa e inesperadamente.

—Quizá mi estómago necesita crecer un poco. Siento que es pequeño. Y quizá debería haber algo que impidiera que mi comida se vaya hacia arriba.

—¿Tu estómago es pequeño?— pregunté, desconcertado.

—Bueno... podría ser como el estómago de un niño de doce o trece años.

—En otras palabras, como el de un alumno de noveno grado.

No respondió.

—Dijiste que quizá debería haber algo que impidiera que tu comida subiera.

—Sí, algo que bloquee el esófago.

—¿Como qué, por ejemplo? Descríbeme ese 'algo'.

—... quizá una puerta... o una válvula que se abra cuando como y se cierre cuando estoy lleno.

—Descríbemela —¿cómo es, de qué está hecha, dónde está ubicada y cómo funciona?

Adel me describió una pequeña puerta eléctrica ubicada en la parte inferior del esófago, justo junto a la entrada del estómago, pero no sabía cuándo ni cómo se controlaría y activaría. Necesitaba idear un mecanismo para gestionar este paso y abrir su puerta para permitir que la comida vaya en dos direcciones—la primera, usando la fuerza de la gravedad y la contracción y expansión que empujan naturalmente la comida hacia abajo, y la segunda, usando la tensión y la presión mentales para impulsar la comida en la dirección opuesta, del estómago hacia arriba.

Adel era un tipo astuto, de imaginación vívida. Le pedí que dibujara el estómago, el esófago y la puerta tal como la imaginaba, y luego que simulara para sí mismo su mecanismo de apertura y cierre.

La imagen del aparato digestivo que sacó de Google durante nuestra conversación le ayudó a localizar con mayor precisión el lugar destinado a esta compuerta virtual.

Y entonces el proceso imaginativo se detuvo, pero solo temporalmente.

—¿Cómo podemos controlar y accionar esta compuerta?— pregunté.

—Muy sencillo, como el portón que tenemos en casa —dijo, y me mostró un control remoto negro colgado con las llaves del coche, con un solo botón. Cuando lo pulsaba, el portón de casa se abría, y cuando lo volvía a pulsar, el portón se cerraba.

Puedes imaginarte caminando por un bosque. El clima es templado y cálido. El sendero es estrecho y lo bastante ancho, quizá, para que dos personas vayan caminando muy juntas. A ambos lados se alzan árboles altos, cuyas hojas coloridas caen suavemente al suelo. El aroma de la tierra después de la primera lluvia que cayó anoche llega desde todas partes. Las copas de los árboles se mecen en silencio, y la bruma que las cubre se mezcla con el canto de los pájaros para crear una hermosa sinfonía que deleita tus oídos. Caminas a solas. Puedes oír el sonido de una cascada cerca. Las ligeras gotas de agua te alcanzan en silencio y acarician tu rostro. Paseas junto al arroyo estrecho, sigues la corriente y disfrutas su agradable murmullo... Sientes una extraña calma y una sensación de seguridad. Sientes tu cuerpo relajarse... a gusto... Experimentas una tranquilidad completa... Sientes una inmensa seguridad y bienestar interior, y así como estás contento, también lo está tu estómago... se expande... se relaja y crece. Cuanto más seguro y más calmado te sientes, más se expande tu estómago y se siente sereno... puede contener lo que hay dentro de él y todo lo que entra en paz... en su expansión, guía el alimento en su interior y lo empuja hacia tus intestinos así como el agua fluye suavemente por este pequeño arroyo hacia sus siguientes estaciones... así como el agua fluye hacia adelante, también la comida—solo hacia adelante... este es el curso natural del agua en un arroyo... y el curso natural de la comida en los intestinos... y en este estado seguramente recuerdas ese control remoto que puede operar autos, televisores y puertas... te imaginas sosteniendo un control remoto en tu mano, sea la derecha o la izquierda... y en su centro hay un botón grande... al presionarlo puedes cerrar la puerta cuando quieras... con otra pulsación puedes abrir la puerta cuando sientas la necesidad... pero en realidad no lo necesitas, porque el proceso biológico —gracias a la gravedad y a la contracción y expansión del esófago— abre la puerta espontáneamente por sí mismo. Cuando presionas el botón grande, cierras en silencio la puerta para ayudar a que el alimento continúe por su camino natural... cuando sientas la necesidad de guiar el contenido de tu estómago hacia abajo por su curso natural, lo único que tienes que hacer es pulsar el botón del control remoto que tienes en la mano.

Durante la hipnosis, practicamos pulsar el botón varias veces. Hicimos hincapié en las sugerencias poshipnóticas en diversas formas para fortalecer su control sobre esta puerta mediante un botón imaginario en un control remoto virtual.

Le pedí que practicara la auto-hipnosis tres veces al día, después de que se hubiera entrenado en ella en la sala de terapia. Le expliqué las condiciones necesarias y el método de terminación. Durante la hipnosis, recalqué numerosas sugerencias indicando que la relajación mental y física resulta de una distensión del estómago que puede lograrse mediante tres respiraciones profundas, puesto que la expansión de dicho órgano depende de su relajación y de su calma interior (aquí, expansión es tanto una emoción de bienestar como una acción que denota aumento de tamaño. Es importante señalar que en estados hipnóticos, como se eluden o debilitan los mecanismos de control intelectual, el pensamiento retorna a un nivel primitivo y tangible, y las palabras se entienden en su sentido literal.) El flujo se mueve solo hacia adelante, y para mayor seguridad, está ese mismo botón que le permite, al presionarlo, empujar el alimento hacia adelante y transferirlo a los intestinos.

Me centré en el material ligero que me proporcionó durante esa sesión, pues me había dado dos metáforas, y elegí continuar con una de ellas sin consultarlo. El estómago de un chico de trece años (su edad cuando murió su madre), o quizá debería haber algo que impida que el alimento vuelva a subir.

La pregunta que me inquietó en ese momento fue: ¿qué es lo más importante, desde mi punto de vista, en lo que debo enfocarme ahora? ¿Debo volver a la edad de trece años, la edad en que perdió a su madre, y buscar las razones que dejaron su estómago como está, sin desarrollarse ni crecer a medida que él maduraba, o debo posponer ese tema y comenzar con la metáfora de algo que impida que el alimento vuelva a subir?

Decidí empezar por lo segundo.

Por supuesto, si la terapia se prolongaba en el tiempo, existía la posibilidad de abordar ese trauma que, por alguna razón, había dejado su estómago atascado en esta etapa temprana de su vida.

También pensé que no había necesidad de ocuparse de cosas que el estómago no consigue digerir y que luego salen de nuevo. Mencioné ese asunto solo durante la hipnosis, dejando cualquier discusión adicional al respecto a su subconsciente.

En lo personal, no sé qué ocurrió entre las sesiones. Tampoco sé del todo qué pasó durante las propias sesiones. Lo guié al lugar seguro del que me habló en nuestro primer encuentro, y desde allí trabajé con él —o con su subconsciente— para abordar su problema.

Tras tres sesiones de tratamiento con hipnosis, le pregunté:

¿Cómo te sientes hoy, Adel?

Dos de diez, respondió con una sonrisa.

Antes, habíamos establecido una escala de diez niveles, en la que el nivel más alto significaba una valoración grave de la situación, y el más bajo representaba un estado normal o la meta deseada. Al inicio del tratamiento, Adel estaba en el nivel nueve, y ahora ha llegado al nivel dos, siendo la meta el nivel uno.

Durante las dos últimas semanas, tomó una pastilla de Dramamine solo una vez, después de haber tomado estas pastillas casi todos los días. Vomitó solo una vez, y según él —como me dijo— eso es un gran éxito.

Y la sorpresa, está enamorado de una de sus compañeras y acordaron verse inmediatamente después de nuestra última sesión.

Pagó tres sesiones, se despidió de mí y salió de la clínica.

Por casualidad, me lo encontré en uno de los centros comerciales, con su brazo entrelazado con el de una chica.

—Hola, doctor —dijo.

—Qué tal, doctor —respondí.

Él sonrió, yo sonreí, y después de que se hubo alejado, mi esposa me susurró:

—Mira, así es cómo debe caminar un hombre con su amada.

No preguntó nada ni mostró interés alguno...

Solo comentó con una sonrisa:

—¡Aprende del doctor!

Y enlazó su brazo con el mío.

Capítulo 12

Dr. Ayman

Miedo a las enfermedades y a la muerte

No entendió cómo terminó en el hospital aquel día.

Todo lo que recordaba de aquella noche era el dolor que de pronto le golpeó el pecho, el sonido de la sirena de la ambulancia que lo llevó al hospital y la nieve que caía en silencio afuera.

Nunca le había gustado el sonido de la sirena de la ambulancia, aunque tampoco lo odiaba. Al menos, eso fue lo que me dijo cuando nos conocimos. Afirmó que su actitud hacia ella era neutral, y a menudo ni siquiera se daba cuenta cuando pasaba la ambulancia. Quizá elegía ignorarla, porque no quería reconocer que dentro iba alguien que oscilaba entre la vida y la muerte, tendido allí en una camilla muy a su pesar. Al mismo tiempo, uno de los paramédicos velaba por él y lo trataba con una inyección de adrenalina, una mascarilla de oxígeno, una serie de descargas eléctricas para reanimar su corazón, exhausto por las luchas de la vida. Y quizá no quería verse perturbado por el pensamiento de que dentro suyo había alguien estaba sufriendo en ese mismo momento, cuya vida dependía de cuán rápido llegara al hospital, del humor de los conductores en la carretera, de la madurez de su yo, de su manera de pensar y de cuánto entendían y daban lugar al otro.

Lo saben todos los que han tenido la desgracia de cruzarse con un conductor que, en su visión periférica, percibe una humillación.

Y quizá su postura no era realmente neutral, como afirmaba, sino que su corazón albergaba un odio profundo hacia la ambulancia, pues le recordaba más a la muerte que a la vida.

Al fin y al cabo, su padre murió en una ambulancia veintisiete años antes, cuando él tenía trece, y ni la sirena ni el paramédico ni las descargas eléctricas sobre su pecho desnudo habían logrado ayudarlo.

En cambio, le encantaba la nieve. Cuando caminaba solo por las tardes, disfrutaba de sentir el calor de su cuerpo mientras la nieve caía como plumas sobre su rostro y su cabello, volviéndolos blancos. Adoraba la frescura y la pureza que venían a cubrir la tierra y a vestir las calles con ropas nuevas, libres de cualquier trauma o sufrimiento. Y quizá por eso deseaba que su cabello encaneciera de manera prematura. Dicen que la vejez es un honor, y él creía que en la vejez hay sabiduría y belleza. La nieve le otorgaba esas sensaciones, aunque fuera por unos instantes, y buscaba algo —cualquier cosa— que lo distrajera de sí mismo.

¡Tan grande era la magnitud de su autorrechazo!

Cuando su mirada se quedaba fija, no veía nada salvo aquellos momentos en que caminaba detrás del féretro, donde yacía el cuerpo de su padre.

Todo lo que recordaba era que lloró, que golpeó con los pies el suelo y que llamó a su padre para que despertara.

No es que no entendiera qué es la muerte. Su comprensión era suficiente para captar que de la muerte no se regresa. Lo aprendió en la escuela cuando uno de sus compañeros murió de una enfermedad grave. Su silla permaneció vacía durante todo el año; nadie se sentó en ella, y su amigo nunca volvió.

Se negaba a creer que la silla de su padre en el diván familiar (el lugar de recreación y entretenimiento) también quedaría vacía, gracias a los mecanismos de defensa que protegen el alma del terror de ese trauma.

Cuando lo veo y lo oigo, recuerdo aquellos momentos en el funeral de mi propio padre, cuando la gente iba detrás de su ataúd. Yo tenía entonces cinco años. No recuerdo exactamente qué impulsó a salir del velorio, de los gritos y el llanto. En cambio, fui a la casa de los vecinos, en el segundo piso, a jugar en el balcón que daba a la calle por donde pasaba la comitiva fúnebre. Observé a la gente desde arriba y seguí jugando sin mayor emoción, sin prestar al suceso una atención especial, como si fuera un acontecimiento más.

No grité, ni le pedí a mi padre, que yacía en el ataúd, que se despertara.

Me dijeron que mi padre había muerto. Vi una multitud de gente y los oí llorar. La oscuridad me cubrió los ojos y guardé silencio. No dije nada ni revelé ninguno de mis sentimientos. Salí de la casa en silencio y me fui a jugar con los niños del barrio como cada día.

No lloré, por supuesto.

Sabía que mi padre estaba muerto y que ya no me llevaría con él a la *madafa* (el ala de huéspedes de la familia), adonde solía llevarme de vez en cuando. Ya no me diría que era un niño listo y que algún día sería director de escuela.

Sentí las miradas de mis compañeros clavadas en mí, con un poco de lástima y mucha sorna, y entendí que desde aquel día llevaría el título de huérfano.

Era una vergüenza o una maldición que cargué durante años, sin culpa alguna por mi parte.

Mi padre murió a los cuarenta años.

Unos meses después de que celebré mi cuadragésimo cumpleaños, me encontré en una cama de la unidad coronaria de un hospital, tras una alteración en esa melodía mágica que emana del corazón, que volvió a su ritmo normal mediante descargas eléctricas, no de manera natural.

Volvamos a nuestro amigo. Cada vez que llegaba febrero y empezaba a nevar, salía de noche a caminar hasta el paseo cercano a su casa, paseaba por puro gusto y se deleitaba con la nieve que caía suavemente, que servía de cobertor a los cipreses y cubría la tierra con una capa brillante y centelleante —se asemejaban a perlas gracias a las luces que emanaban de los viejos postes de electricidad.

Amaba la nieve de febrero; lo transportaba a sus días de infancia, cuando con frecuencia tenía la fortuna de disfrutar del calor de la cama de su madre en las frías noches de invierno.

Pero hoy había empezado a odiar lo que antes miraba con neutralidad.

Empezó a aborrecer las cosas que había amado de febrero y todo lo que atesoraba desde la niñez.

Comenzó a detestar los sonidos resonantes, la nieve, el color blanco y el mes de febrero.

En realidad, no; quizá odio no sea la palabra precisa. En público usaba ese término, pero en privado, la palabra que de veras expresaba su sentir era miedo.

En efecto, empezó a temer todo eso. Empezó a temer el mes de febrero y todo lo que se asociaba a él.

Su lista de miedos se alargó y fue dominando poco a poco sus preocupaciones, paralizándolo y trastornándole la vida.

En suma, empezó a temer a la muerte.

Esa noche, se sentó solo junto a su escritorio, que estaba cubierto con varios libros y resúmenes de varias conferencias importantes. El resplandor de la pantalla encendida de la computadora se reflejaba en sus gafas, y la luz de la lámpara de escritorio incrementaba su brillo. Afuera hacía frío, y la nieve no cesaba. Escuchó en el noticiero que se esperaba que este clima persistiera durante todo el fin de semana.

Un tiempo así suele caracterizar el comienzo de febrero, y no lo esperaba ahora, con la cercanía de marzo.

La nieve se había acumulado en la ventana de la habitación del noveno piso de un edificio de dieciséis plantas, y en el alféizar reposaba una cesta de alimentos no perecederos como carnes, unos cuantos filetes de salmón y algunas verduras congeladas. La nieve la había cubierto con un manto blanco, señal de que aún no había llegado la temporada de usar el refrigerador de la habitación.

Y eso no es todo.

La fuerza de la ventisca se había filtrado por la ventana de doble cristal y llegaba a sus oídos; y, pese a su soledad, le producía gran placer —o al menos así le parecía a él... esa es mi acotación, lo dejo en suspenso.

Pongo en duda eso, pues creo que si de verdad hubiera estado disfrutando, no habría ocurrido nada de lo que pasó.

Y quizá de veras lo disfrutó...

Era casi medianoche, o poco antes, cuando de pronto sintió una punzada en el pecho seguida de un movimiento involuntario de la mano que rozó el lugar del dolor y buscó algo tan afilado como un cuchillo destinado a atravesarlo desde un lugar lejano, desde un pasado distante y una infancia difícil.

Sin embargo, nunca consiguió extraer de su pecho aquel instrumento destructivo que lo había acometido. Sintió el corazón latiéndole con rapidez como si, en cualquier momento, fuera a salirse de su cárcel, y el dolor se extendió por la parte superior del abdomen. Notó entumecimiento en la mano izquierda y el hombro, y el sudor le corría por la cara y el cuerpo.

Sintió como si el aire dentro de él desapareciera y como si no pudiera entrar aire fresco en sus pulmones. Percibió presión en el pecho, como si una gran roca se hubiera instalado allí sin permiso.

Nunca había experimentado tales sensaciones, y se le ocurrió que su corazón sin duda se detendría pronto, que moriría sin terminar sus estudios.

Al diablo con los estudios, se dijo. Pero ¿quién calentará la cama de su madre después de que él muera? Ese pensamiento lo atormentó en esos momentos.

Era extraño que pensara así estando aún en la flor de la vida.

Empezó a sentirse ahogado, y el ritmo de su corazón se aceleró. Sentía su corazón sus costillas, desesperado por liberarse de su cuerpo fatigado, cargado de pensamientos implacables y de miseria.

Seguramente voy a morir... voy a morir ahora... Tal vez mi cuerpo sin vida solo lo descubran después de unos días, cuando el hedor de la descomposición alcance las fosas nasales de Angélica, mi vecina.

Estos pensamientos lo aterraron, y el sudor le corría cada vez más. Sintió la boca seca, la habitación le daba vueltas, el armario se volcaba y el techo y el suelo parecían haberse intercambiado.

¿Y la puerta? Ya no sabía en qué lado de la habitación estaba.

Ni siquiera sabía cómo pedir ayuda; sin embargo, encontró dentro de sí una fuerza extraña que lo impulsó hacia el pasillo, y tocó a la puerta de la habitación de su vecina, de quien lo único que sabía era que se llamaba Angélica. Por fortuna, estaba despierta en ese momento.

Eso había sido hace unos tres meses, a fines del invierno, precisamente el último día de febrero.

Llegó a mi consulta vestido con un fino abrigo de cuero, una camisa blanca, jeans ajustados y botas marrones con tacones de madera que repicaban quedamente a cada paso por el largo pasillo que conducía a la sala de tratamiento–tic... tic... tic...— en un intento por afirmar su presencia y su confianza en sí mismo.

Tenía la cabeza rapada, y la barba negra, corta y meticulosamente arreglada. Su cuerpo era el de un atleta y, pese a su atuendo primaveral, sus músculos cincelados se mostraban a plena vista. Se veía pulcro y bien cuidado, siempre con una apariencia elegante. Sin embargo, nada de eso ocultaba las líneas cansadas de su rostro, sus ojos rojos, apesadumbrados, y la sonrisa forzada que lograba mostrar entre palabras que solo añadían a su dolor.

Unos días antes, había celebrado su cuadragésimo cumpleaños con amigos de la infancia que lo sorprendieron mientras estaba solo en su pequeña habitación.

Está casado con Salma, que trabaja como maestra de preescolar, y tienen tres hijos— el mayor tiene diez y el menor cinco. Estaba matriculado en un programa de doctorado en ciencias sociales en una universidad de Dinamarca, y ese era su cuarto y último año. Le quedaban solo unos meses para cumplir con los requisitos y obtener el doctorado.

Sin embargo, hace un mes lo dejó todo y regresó a su país.

No quiere doctorado, ni título, ni seguir estudiando.

Lo único que quiere es vencer a la muerte. Teme el momento en que uno de sus hijitos golpee el ataúd en el que yace y lo llame a despertar y volver.

Si al menos tuviera la certeza de que los muertos ni oyen, ni entienden, ni ven, ni sienten nada, tal vez habría sido más fácil para él. Quizá. Pero no lo sabe, y qué terrible catástrofe sería que muriera y resultara que pudiera oír los gritos de sus hijos y ver sus lágrimas.

Sería una segunda muerte.

Tiene miedo de morir una sola vez, y no digamos de experimentar una segunda muerte.

¡Pero tampoco puede vivir!

Esa misma noche, entró en el quirófano para someterse a un cateterismo urgente después de que se descubriera una obstrucción en su arteria coronaria. No lo esperaba nadie, porque estaba solo en aquella tierra fría del norte, tanto por la gente como por el clima. Su personalidad no se prestaba a formar vínculos sociales con facilidad, y con esto ni siquiera me refiero a ser introvertido. No es eso. Le encantaban los lazos sociales, disfrutaba conversar, se deleitaba escuchando a los demás, y aún más cuando, en las reuniones, los demás lo escuchaban a él.

Sin embargo, escogía a sus amigos con especial cuidado. De hecho, tenían que demostrar la sinceridad de su vínculo con él antes de que les abriera la puerta. Y en ese país, nadie se inclina a hacer el esfuerzo de demostrar la autenticidad de sus intenciones.

Permaneció dos días en el hospital y fue dado de alta con una cesta de diversos medicamentos: un fármaco para equilibrar los niveles de colesterol y la presión arterial, betabloqueantes para ayudar a ralentizar los latidos del corazón y Coumadin, un anticoagulante. Es bien sabido que este medicamento fluidifica la sangre, por lo que hay que mantener una dieta específica y realizarse análisis de sangre cada dos días para controlar los niveles de coagulación, ya que no deben superar cierto umbral. Además de estos medicamentos, le recomendaron realizar ejercicio aeróbico ligero durante una hora al día.

Salió del hospital con buena salud, aunque con un trauma psicológico.

Desde aquel día, los pensamientos sombríos no lo

abandonaron. De noche se despertaba repetidamente, y a veces no dormía en absoluto, por temor a que el sueño de la noche se convirtiera en sueño eterno. Contaba los días hasta la muerte, convencido de que no viviría más que su padre, quien había muerto a una edad similar de un infarto repentino que lo fulminó mientras iba en una ambulancia.

—Pero tú te impusiste a la ambulancia. Llegaste al hospital con vida, y aquí estás— dije con firmeza.

Me miró asombrado, como sorprendido por mi observación sobre su afirmación de haber vencido a la muerte en la ambulancia, a diferencia de lo que le ocurrió a su padre.

—Estás aquí ahora— repetí —con plena fortaleza física, con arterias abiertas por las que la sangre fluye a cada célula de tu cuerpo.

Su vida había cambiado por completo. Temía alejarse de casa, y si se aventuraba a salir, lo hacía solo en compañía de uno de aquellos amigos salvadores que habían acudido en su auxilio cuando su corazón dejó de latir. No volvió a sus estudios, y la idea de retomarlos dejó de ocuparle la mente. La mayor parte del tiempo se aislaba, listo y en guardia para enfrentar a la muerte con el fin de vencerla. Era el deseo de su corazón, aunque le costaba creérselo.

Sin duda moriría en algún momento del futuro, como toda persona en la tierra, pero no ahora. Si al menos pudiera aplazar su muerte unos años más, hasta que sus hijos alcanzaran la mayoría de edad. Esa era su única preocupación, pues conocía demasiado bien el dolor de perder a un padre siendo un niño pequeño, y no desearía eso a nadie, y menos a sus propios hijos.

Quiere vivir por sus hijos, y sin embargo teme a la muerte, que se cierne sobre él.

Su vida había cambiado, y los pensamientos sobre la muerte se le pegaban por todas partes y no lo soltaban. ¿Sería su muerte repentina, o sería una muerte que él mismo propiciaría? Un torbellino de pensamientos le daba vueltas en la cabeza, y el miedo, la depresión y la desesperanza lo atenazaban.

Llevaba dos meses completos en ese estado.

Había perdido el apetito y se había demacrado. Tenía los ojos enrojecidos, los párpados hinchados y abultados en un rostro que ya no reflejaba su edad juvenil.

—Extraño... ese poder que tienes— murmuré para mí en un tono que alcanzó sus oídos.

—No entiendo— respondió apresuradamente, en tono crítico —¿qué poder?

—A ver... Es curioso cómo ese poder que posees está invertido en otra parte, en otro ámbito, no en aquello en lo que de verdad deseas invertirlo, y no por la razón por la que viniste a mí. Este estado de desesperación y depresión en el que te encuentras exige fuerza para seguir adelante, y necesitas conservar tu energía, y sin embargo la despilfarras. Desde hace dos meses te asedian casi sin pausa estos pensamientos recientes, te sumerges en ellos sin descanso. Esta condición requiere determinación...

perseverancia... fuerza... energía. Todo eso, hasta donde entiendo, abunda en ti.

—¿De qué poder hablas? Lo he perdido todo... toda mi vida ha cambiado... abandoné mis estudios de doctorado en la fase final... no puedo dormir... no sé qué me pasó ni por qué, y un millón de preguntas me asaltan a cada momento... ¿y tú me hablas de poder?

Ese es precisamente el poder que él no alcanzaba a percibir debido a una barrera mental que gobernaba sus pensamientos e impedía las vías del razonamiento lógico, bloqueando incluso el más mínimo replanteamiento o pensamiento positivo.

—De acuerdo— dije.

Le pregunté si estaba dispuesto a ser hipnotizado, y respondió afirmativamente, aunque su disposición real para la hipnosis mostraba otra cosa. Era de esos pacientes a los que es difícil hipnotizar.

En este caso, los métodos tradicionales de hipnosis no resultan eficaces.

Así que recurrí a las historias:

—¿Sabes qué? Acabo de recordar algo que me pasó hace unos días. Iba conduciendo camino a la consulta —bueno, aquí— y vi a un gato de tamaño mediano durmiendo en medio de la carretera. Los coches que venían en ambos sentidos se desviaban para no atropellarlo... y aun así seguía durmiendo en medio de la calzada. Me pregunté qué habría hecho que ese gato durmiera allí, y qué podía hacer yo... Decidí parar y ayudarlo o rescatarlo... porque, si no lo hacía, me dije, alguno de los coches seguramente lo atropellaría, y moriría... Orillé el coche y traté de acercarme. Los conductores empezaron a tocar la bocina para advertirme y pedirme que me quitara de la carretera. Un coche, negro, venía a gran velocidad y, de no haber tenido cuidado, me habría arrollado... Algunos conductores me saludaron con la mano o tocaron la bocina a modo de saludo cuando reconocieron quién era. Algunos se apartaron para dejarme pasar, mientras que otros parecían absolutamente indiferentes, ni por mí ni por el gato que yacía allí prácticamente muerto en medio de la carretera. Por fin llegué hasta el gato y lo observé de cerca. Estaba flaco y sucio, con una hinchazón sangrante en la cara que deformaba uno de sus ojos, quizá como resultado de una pelea violenta con otro gato por territorio o por los favores de una hembra cercana, o tal vez por enfermedad o alguna otra causa arraigada en los contenedores de basura donde la mayoría de los gatos pasa su tiempo. Como es mi costumbre diaria, me había puesto mis zapatos nuevos y relucientes —importantes para mí— y en ese momento llevaba unos pantalones beige. La verdad, no quería tocar al gato con las manos para moverlo, porque temía contraer alguna enfermedad contagiosa o ensuciarme; también me preocupaban los pequeños insectos que probablemente infestaban su sucio pelaje, un entorno ideal para la vida, el deleite y la reproducción... Así que usé los pies, con suavidad y cautela para no añadir a su sufrimiento, e intenté apartarlo del centro de la carretera... ¿Y qué hacían los coches en ese mismo momento? Varios conductores curiosos redujeron la velocidad para observar lo que ocurría... Otros conductores me advertían y me gritaban que dejara al gato a su suerte, pues su destino era, claramente, ser atropellado. Doctor, sería prudente dejarlo, aconsejaban... y algunos conductores incluso se mofaban, reían y abucheaban una y otra vez... No hice caso de lo que decían y, como me encantan las mascotas y solía tener gatos en mi apartamento de las residencias estudiantiles durante mis estudios de psicología, la compasión por el gato me desbordó. Sin embargo, cada vez que lo apartaba, volvía al centro de la carretera y se dormía. Lo moví una vez, dos, incluso una tercera —y cada vez regresaba a toda prisa a su lugar, como si un imán lo atrajera de vuelta...

Déjalo, hombre... déjalo, Doctor, me decían la mayoría de los conductores que se habían interesado por la escena.

El comportamiento del gato me pareció asombroso. Poseía un valor extraordinario, una fuerza notable y una férrea determinación de permanecer en ese lugar peligroso. No temía ni a los coches ni a mí, y cada vez volvía a su sitio en medio de la carretera —una carretera por la que cruzaban decenas de coches cada minuto.

Tenía determinación, coraje y una fuerza asombrosa.

Por fin, después de que me venciera, lo dejé, volví a mi coche y seguí mi camino hasta aquí.

Al subirme al coche, recordé otro incidente que me sucedió hace aproximadamente un año. También tenía que ver con un gato. Una mañana vi en mi patio a un gato al que le faltaba una pata trasera: un gato de tres patas.

Mi esposa y yo nos compadecimos... pobrecito... ¿Cómo puede vivir solo y procurarse alimento un gato de tres patas? En nuestro vecindario, en uno de los arrabales de la ciudad, a la mayoría de los gatos les encanta cazar ratones, aves y reptiles —simplemente porque nuestros contenedores de basura contienen poca basura, ya que hay pocas casas y no hay restaurantes, tiendas ni salones de banquetes que arrojen sus desechos en los contenedores locales.

En fin, decidimos adoptar a ese gato y alimentarlo.

Para nuestra gran sorpresa, no se acercó ni una sola vez al cuenco de comida que le habíamos preparado. Tampoco se acercó a nosotros. Siempre estaba en el patio, y muchas veces lo veía entre los cítricos, especialmente bajo el naranjo.

A partir de entonces, empecé a notar en las primeras horas de la mañana plumas flotando aquí y allá y restos de aves y reptiles muertos —entre ellos un gran escorpión negro, intacto, que aquella mañana encontré en el umbral. Estaba convencido de que el responsable de todo aquello era el gato de tres patas. Supuse que había despedazado a sus presas por la noche y había dejado los restos en el patio. No tengo idea de qué quiso decir el gato dejando esos restos tan cerca de la puerta... al fin y al cabo, está discapacitado y debería estar acercándose al final de su vida, a menos que alguien lo ayude y lo alimente cada día. Pero decidió vivir a pesar de su condición, e incluso insistió en ser un gato completo a pesar de su discapacidad. ¡Decidió vivir, pasara lo que pasara!

De hecho, no sabía si aquel gato era macho o hembra, porque solo me interesaba su condición, y no había reparado en la forma triangular de su pequeña cabeza, que habría revelado que era hembra, ya que los gatos machos tienen la cabeza más grande.

Al cabo de unos dos meses, volví a ver a aquella gata discapacitada, a la que en casa habíamos apodado *Umm al-Tal'at Argul* (la de tres patas), seguida por sus cuatro gatitos, que enseguida se aferraron a su vientre en busca los de pezones para succionar un poco de leche.

Esta gata era tan maravillosa—su fortaleza era extraordinaria, y su negativa a aceptar la ayuda que intentamos ofrecerle era igual de notable. Quizá estaba tratando de decirnos algo...

¿De dónde saca esa fuerza?, me pregunté—no solo se negaba a ceder, sino que además insistía en dar a luz.

Los cuatro gatitos crecieron—cada uno con cuatro patas—y mis hijos decidieron adoptar a uno de ellos, que permanece con nosotros hasta el día de hoy.

Por cierto, la gata vuelve a visitarnos de vez en cuando, acompañada de uno o dos gatitos, y sigue ahí fuera — cazando, apareándose y dando a luz.

Y tiene tres patas.

¡Qué asombrosos son los poderes de esta gata, y la magnitud de su determinación!

Hay toda clase de gatos... Algunos se hieren en la

cara y deciden tumbarse en lugares peligrosos entre autos que circulan a gran velocidad, mientras que otros —una gata discapacitada de tres patas, por ejemplo— eligen seguir viviendo, optan por la vida mientras siguen durmiendo entre los cítricos y cazando aves y reptiles.

La verdad es que nunca sabré qué fue de aquel gato en medio de la carretera... quizá alguno de los autos lo atropelló... tal vez murió... no lo sé... Lo que sí sé es que eligió estar allí... mientras que es evidente que esta gata sigue viviendo, dando a luz a más gatitos e invirtiendo su fuerza y su energía... en nombre de la vida. Esa fue su elección.

Terminé de contarle mi historia y guardé silencio. Él se sentó en su silla, escuchando con suma atención hasta el final, e incluso parecía relajado y a gusto tras entrar en un trance hipnótico ligero. A modo de aclaración, es habitual usar historias como una herramienta eficaz para acelerar la inducción hipnótica (la parte inicial del proceso de hipnosis, la etapa preliminar necesaria para entrar en un estado hipnótico).

Fue durante la segunda reunión — que duró un poco más de lo previsto — cuando se puso de pie, me estrechó la mano y dijo: Gracias... Gracias. Luego salió de la sala sin mirar atrás. No programó otra cita y dijo que me llamaría si lo necesitaba. Apenas una semana después, me envió un mensaje en el mismo tono: *Me encantó la de tres patas...*

Después de tres meses, recibí de él una invitación telefónica para visitar Copenhague, para participar en la

Capítulo 13

Abudí

Insomnio

Es medianoche, o un poco después de medianoche. En el vecindario y por toda la ciudad, reina una calma silenciosa, que de vez en cuando rompen los suaves y brumosos susurros de las hojas de los árboles cercanos meciéndose con las brisas ligeras.

Hacía una hora que se había acostado, y dormía un sueño tranquilo y profundo.

De repente, empezó a respirar con rapidez. Inhaló y, antes de que el aire llegara a sus pulmones, lo exhaló y volvió a tomar otra bocanada.

Inhalar y exhalar...

Media inhalación y media exhalación...

Inha... exha...

In... ex...

Sintió que se estaba asfixiando, y llegó una orden directa desde su cerebro interno —el sistema límbico, que es responsable de las funciones involuntarias ceremonia de entrega de títulos programada para el próximo septiembre.

—Anote en su calendario, Doctor... Traiga a su esposa y a sus hijos, corre por mi cuenta.

—'La de tres patas' se las arreglará muy bien sin usted... dijo.[9]

comunes a todos los seres vivos, como la respiración, la presión arterial y la frecuencia cardíaca, además de las emociones y la vigilia y el sueño: ¡Levántate! ¡Hay peligro!

Saltó de la cama, soltando un grito ininteligible, se llevó la mano al cuello y lo tanteó en busca de algo fuertemente enrollado para estrangularlo —quizá una cuerda o un par de manos desconocidas dispuestas a acabar con él. La amígdala es la pequeña parte del sistema límbico de su cerebro que lo protege de las amenazas; de pronto despertó y empezó a desempeñar su función a un ritmo que él no esperaba. El nivel de cortisol —la hormona conocida como la hormona del estrés, esencial para la supervivencia y que ha protegido a la humanidad en sus luchas a lo largo de la historia — comenzó a elevarse. Su frecuencia cardíaca se aceleró y estaba empapado en sudor. Gracias a esa amígdala, se preparó rápidamente para un inminente ataque o huida. Su cuerpo y todos sus sistemas entraron en una confrontación que parecía muy real, y sintió un miedo y una ansiedad asfixiantes, como si lo alcanzara una bala perdida —o cualquier otra calamidad imprevista.

Pero no encontró ni una cuerda ni manos desconocidas.

Ni siquiera oyó disparos al aire en ese momento.

Disparos de armas de fuego ilegales que, en ausencia de cumplimiento de la ley y de autoridad, se han convertido en parte del entorno acústico natural en las localidades de la comunidad árabe durante las últimas dos décadas.

No encontró nada.

Todo estaba en su sitio: el vaso de agua en la mesilla de noche junto a la cama, el despertador a su lado, dos libros de texto de matemáticas y muchos cuadernos esparcidos sobre un escritorio nuevo que su padre le había comprado de cara a sus exámenes de matriculación de secundaria.

Dormía en su habitación, disfrutando de un privilegio que lo distinguía de sus tres hermanas, que compartían la segunda habitación. Una luz pálida se filtraba desde el pasillo, mientras en el dormitorio de sus padres reinaba la oscuridad.

Gracias a Dios, nadie se despertó con su grito.

Bebió un poco de agua del vaso que siempre dejaba a su lado cada noche por si sentía sed, se calmó un poco, respiró hondo con la esperanza de que el aire lo sostuviera hasta la mañana, suspiró en silencio y volvió a dormirse.

A veces no recuerda lo que pasó durante la noche ni siente nada. Se despierta con gritos, se palpa el cuello, se limpia el sudor que lo ha empapado, se calma y vuelve a dormirse.

Otras veces, siente la humedad en la cama y se avergüenza de sí mismo, mucho más cuando su madre tiende su colchón a lo largo de la valla que separa su casa de la de los vecinos.

Por la mañana, se despierta con dificultad, con el

rostro arrugado y el humor mustio, tras varios gritos de su madre y sus hermanas apremiándolo a levantarse y exigiéndole que apague el despertador, cuyo sonido sigue resonando por toda la casita.

—Abudí, por el amor de Dios, apaga el reloj... ¡Ay de ti, levántate ya!

Este llamado se ha repetido cada mañana desde que empezó la secundaria hace tres años. Sin embargo, su aspereza y su frecuencia no han hecho más que crecer durante el último año—especialmente en el período en que se preparaba para los exámenes de matriculación y el examen psicométrico.

Cada mañana llegaba a la escuela exhausto. A veces apenas se cambiaba la ropa interior, pues no encontraba tiempo para ducharse. Cuando llegaba a la escuela, el olor a orina seca pegado a su cuerpo flotaba a su alrededor, y él se alejaba de sus amigos. Si pudiera, se alejaría incluso de sí mismo para no oler el hedor de su alma.

Salma, su hermana mayor, comenzó este año la residencia en pediatría en el hospital cercano, después de completar sus estudios en una de las universidades de Alemania.

Salwa, su hermana mediana, termina aquí este año sus estudios de arquitectura.

Y Samira, su hermana menor, empezó este año sus estudios de licenciatura en literatura inglesa.

Abd al-Islam, o, en abreviatura, Abd, prefería que lo llamaran por su apodo cariñoso de la infancia, Abudí. Era el menor de la familia. Nació aproximadamente un mes antes de lo previsto, por lo que los médicos tuvieron que mantenerlo en el hospital unos días adicionales en observación.

En su infancia estuvo terriblemente consentido como el menor y el heredero, al parecer destinado a continuar la línea familiar y preservar su honor. Y, por cierto, no es que la familia les negara mimos a sus hermanas, pero su parte superaba con creces la de todas ellas juntas.

En la primaria enfrentó diversas dificultades, sobre todo padeciendo déficit de atención e hiperactividad. Aun así, el cuidado de sus padres y la preocupación de sus hermanas lo ayudaron a superar muchos obstáculos.

Sus calificaciones eran en general mediocres, pero constantemente oía a sus padres susurrarse que es un retrasado y que nunca saldrá nada de él. Sin embargo, abiertamente expresaban su deseo de enviarlo a estudiar a esa misma universidad alemana en la que su hermana mayor había estudiado.

En el fondo de su corazón, sabía que no estaba hecho para tales estudios y que lo más probable era que terminara el 12º grado con un éxito tan limitado que no le permitiría ser admitido en ninguna universidad.

Habían pasado quince años desde el día en que Abudí despertó por primera vez, aterrorizado, sintiendo que se ahogaba.

Su enuresis nocturna cesó por fin, pero los episodios de ansiedad nocturna volvieron y se repitieron. Al principio solo despertaban a sus padres, pero luego comenzaron a perturbar al resto de la familia. Durante esos años, cada una de sus hermanas empezó a dedicarse a su campo de especialización, luego se casó, formó una nueva familia y se fue de casa.

Abudí también se casó y, hace dos años, tuvo un bebé encantador, a quien llamó Amal (Esperanza). Siguió viviendo en la casa familiar, compartiéndola con sus padres.

Le cedió su antigua habitación a su hijo después de hacerle varios cambios: pintó las paredes en tonos azules y colgó en ellas varios cuadros y fotografías de niños.

Los ataques de ansiedad persistieron, pero ahora era su esposa quien cuidaba de él.

Durante estos años, Abudí se sometió a una larga serie de diversas pruebas médicas, incluso evaluaciones en un laboratorio del sueño así como exámenes de las ondas cerebrales, los movimientos oculares, el diafragma, la respiración, la función pulmonar, los movimientos de las piernas durante el sueño, la función cardíaca, la presión arterial y los niveles de oxígeno, entre otras. Ninguna de ellas reveló nada que pudiera explicar su condición o que requiriera alguna intervención médica particular.

También se realizó una RM (resonancia magnética) del cerebro.

—No hay hallazgo que requiera tratamiento médico — era siempre el resultado, un hecho que aumentaba aún más la tensión y la ansiedad de Abudí y de sus padres.

—Si al menos supiéramos cuál es la causa, entonces no estaríamos tanteando a ciegas y estaríamos tratando el problema.

Eso era lo que todos habían esperado.

Pero lo mismo se dijo sobre el tema de la enuresis nocturna, que desapareció al unísono con la aparición de los problemas de sueño.

No se encontró causa ni explicación para la enuresis, pese a las muchas pruebas que le realizaron. Un pediatra especialista en enuresis (término médico para la micción nocturna involuntaria) lo remitió a tratamiento psicológico después de realizarle una serie de pruebas y de administrarle diversos medicamentos dirigidos a ralentizar la producción de orina durante la noche, además de fármacos para calmar la vejiga, reducir sus contracciones y aumentar su capacidad.

Por cierto, esto es lo que suele ocurrir con los pacientes para quienes la medicina tradicional no logra encontrar un tratamiento adecuado; entonces la psiquiatría o la terapia psicológica se convierten en su recurso.

A pesar de todo, esta ansiedad nocturna se había convertido en parte de la rutina diaria de los padres, y su esposa también fue arrastrada a este torbellino.

El padre se despertaba de su sopor, preguntaba qué pasaba y luego volvía a dormirse.

La madre se despertaba, le traía otro vaso de agua y después volvía a dormirse.

Y ahora esa responsabilidad ha pasado a la esposa.

Ella se despierta, calma a su marido e intenta volver a dormirse.

Todo transcurría naturalmente hasta que ocurrió el suceso que les encendió una luz roja de alarma.

El hijo, Amal, se sumó a esta rutina sin consultar con nadie. Empezó a despertarse con ansiedad por los gritos de su padre y era incapaz de volver a dormirse.

En un evento social, me topé por casualidad con su padre. En el pasado había tenido con él una relación más bien casual, que se había interrumpido debido a la diferencia de edad entre nosotros —él me llevaba varios años — y también por nuestros diferentes intereses profesionales.

Compartió conmigo sus historias, y vi sus ojos brillar de felicidad cuando hablaba de los logros de sus hijas.

—¿Y cómo está Abudí?— le pregunté.

La última vez que vi a Abudí fue cuando me fui a estudiar a Moscú. Tenía tres años entonces. Desde entonces no lo había visto, y de haberme topado con él ahora, seguramente no lo habría reconocido.

Ante mi pregunta, de pronto guardó silencio, y su lenguaje corporal indicó claramente que estaba angustiado. Desvió la mirada, quizá por vergüenza —o quizá por cautela, por si alguien pudiera oírlo—, y dijo:

—Por Dios, no sé qué decirte... ese niño me preocupa a mí y a toda la familia.

Luego siguió explicándome en voz baja y con todo detalle cómo se despertaba con ansiedad y preocupación, y no lograba ayudar a su hijo, y cómo ni una sola de todas las pruebas habían arrojado hallazgos significativos. Entonces fijó su mirada en mí y, de repente, su semblante cambió. Se acercó, como si quisiera gritar ¡Eureka! como Arquímedes cuando salió corriendo desnudo de su casa y proclamó:

—¡Seguro que puedes ayudarlo! He oído que practicas hipnosis, y estoy seguro de que la hipnosis ayudará a ese niño.

En verdad, el padre expresó exactamente lo que yo estaba pensando en ese momento: el niño necesitaba hipnosis para dormir.

Sin embargo, todo esto ocurrió durante una conversación breve e improvisada en un encuentro social fugaz entre dos personas que en otro tiempo compartieron una relación amistosa, mientras que ahora el objetivo es darle al diálogo un carácter profesional y oficial, trasladarlo de la calle a la clínica.

Y, como todos sabemos, esta es una condición fundamental para el éxito de la terapia. Además, ahí radica el desafío que enfrentamos: nosotros, los expertos árabes, que vivimos y trabajamos profesionalmente en un entorno social bien conocido —donde todos participamos en diversos eventos sociales, recorremos sus calles cada día, entramos en sus comercios, compartimos su atmósfera íntima y su espacio limitado, y vivimos de primera mano los acontecimientos que se desarrollan en su seno.

¿Cómo mantener la profesionalidad, por ejemplo, si

de pronto te encuentras con tu paciente mientras te dice unas cuantas verdades detrás de un puesto de frutas en el mercado? ¿O cuando estás comprando verduras a un vendedor que, al pagarle, te pregunta cómo se puede resolver el problema de su hijo en la escuela? ¿O cuando un empleado del banco te pide consejo sobre cómo resolver su problema con su esposa? ¿O cuando un hombre sentado a tu lado en una casa de duelo te dice: Todos tus métodos psicológicos no valen nada... la generación de hoy solo entiende a golpes?

¿Responderás asintiendo silenciosamente?

¿Entrarás en una discusión, sabiendo que en circunstancias normales se prolongaría durante horas y no terminaría nunca?

¿Le dirás que es su opinión —que respetas—, pero que te opones a ella?

¿O quizá lo ignorarás como si no lo hubieras oído y hablarás con él de otro tema, como el tiempo o lo tarde que es, o le preguntarás detalles que ya conoces, como la edad del difunto, la razón de su muerte, y así sucesivamente...?

El término medio y la búsqueda del equilibrio entre el conocimiento y la experiencia personales y el encuentro clínico es una tarea que, creo, nosotros los profesionales comprendemos: por un lado, reconocemos sus riesgos y limitaciones inherentes y, por otro, su importancia y las ventajas que ofrece a nivel profesional y terapéutico.

Ya al día siguiente, Abudí me llamó tras obtener mi

tarjeta de presentación, que le había dado a su padre durante nuestra conversación sin ningún propósito explícito. Llamó para concertar una cita terapéutica, después de confirmar que, en efecto, soy experto en hipnosis.

Entró en la clínica un joven alto y delgado; tenía una nariz larga y prominente y unos ojos cansados, profundamente hundidos en sus órbitas y apenas visibles.

—¿Cuál es tu historia?— le pregunté.

La forma en que abrí la sesión lo sorprendió, y tras unos instantes de silencio, durante los cuales pareció sopesar qué decir o cómo empezar, dijo:

—Pienso mucho en que... podría haberme ido bien en los estudios, pero en la secundaria hubo un descenso significativo en mis notas. A menudo me pregunto por qué me pasó, y lamento profundamente no haber hecho caso a mis padres.

—Te oigo decirme que si hubieras escuchado a tus padres, tu situación sería distinta.

—No exactamente... en realidad, quizá sí, la verdad... pero mi padre era muy irritable. Intenté, por ejemplo, aprender su oficio y ser carpintero como él... me encanta la carpintería... pero simplemente no podía trabajar con él. Hoy trabajo con mi tío, que también es carpintero.

—Quieres ser carpintero... como tu padre, aunque aprendas el oficio con otra persona.

—Sí, puedo ser un buen carpintero. De hecho, hoy gestiono todos los pedidos en la carpintería de mi tío.

—¡Has demostrado que la vocación te viene como anillo al dedo!

—Mi padre siempre me decía cuando trabajaba con él que no llegaría a nada, y se enfadaba conmigo por cualquier mínima cosa.

—Entiendo por lo que me dices que relacionas estos asuntos que has descrito con los problemas de sueño de los que me hablaste por teléfono.

—No lo sé... quizá...

—Un momento, ayúdame a entender cuál es la razón por la que me buscaste.

—No duermo, doctor... desde hace mucho tiempo... y el problema es que mi hijo ha empezado a despertarse por mis gritos... Simplemente no soporto más mi situación.

—Entiendo. Cuéntame del lugar donde sientes que puedes dormir en paz... un lugar donde te sientas tranquilo y seguro.

Aquí, mediante sugestión, le implanté la idea de que existe un lugar seguro donde puede dormir sin ser molestado, y que él solo tenía que definírmelo. El lugar seguro es una de las herramientas que utilizamos durante la terapia, y esta es la segunda razón de mi petición.

—En el norte... en los Altos del Golán... más precisamente, en el Río Hatzbani.

Continuó y me describió el Río Hatzbani, y ese

lugar seguro en particular donde siente que puede dormir en paz.

Tras terminar de recabar información sobre su situación y reunir los detalles críticos para la terapia, y después de evaluar su idoneidad para la hipnosis, iniciamos el tratamiento.

Me quedó claro que era necesario actuar en varios niveles, puesto que el tratamiento conductual mediante hipnosis ofrece un resultado rápido que sirve para reforzar su autoestima y su motivación terapéutica. Además, me permitiría ayudarlo a abrir las cámaras cerradas de su corazón y entablar un diálogo interior sobre su relación con su padre, así como comprender el vínculo entre su expresión personal y la expresión de sus miedos, y la continuidad y la naturaleza de sus sueños.

—El río Hatzbani... árboles verdes que se elevan... sus copas bailando con las ráfagas de viento... las ramas de los arces, robles y eucaliptos, por lo general dispersos en la zona, se arquean y proyectan sombra sobre el agua que fluye en silencio... el trinar de los pájaros aquí y allá y el sonido del agua que corre suavemente sin pausa entre las muchas piedras redondas y resbaladizas. Hay rocas lisas a ambos lados del río custodian sus aguas para evitar que se desborden, otorgándole una sensación de seguridad. El agradable aroma del agua y de los árboles llega a tu nariz sin pedir permiso... la hora: a última hora de la tarde. Los rayos de sol se cuelan por los huecos entre las ramas y hojas densamente apretadas, proyectando una luz agradable y suave sobre el agua y ambas orillas del río... Te sientas sobre una piedra grande y lisa... sumerges los pies en el agua... Sientes su agradable frescor... Te sientas solo... a unos metros, tu esposa yace en el suelo y, junto a ella, tu hijo duerme sobre una estera... Él te acompañaba en tus viajes a todas partes... tu hijo está sumido en un sueño profundo tras haber almorzado... miras el agua fluir, envolviéndolo todo a su paso... fluye en silencio... y así como fluye con potencia, con fuerza y en silencio, así duerme tu hijo... ambos fluyen... ambos se conceden la alegría del fluir... tu hijo en el sueño y el agua en su propio fluir... y tú... tú... mientras ahora fluyes en la concentración, en el pensamiento y en tu imaginación... y mientras ahora fluyes con calma y seguridad... quizá te sorprenda el fluir de tu sueño esta noche... y mañana... y la noche siguiente... y cuando quieras... quizá te sorprenda el fluir del sueño dentro de ti... un sueño profundo, fluido y tranquilo... un sueño fuerte... que siempre encuentra su camino entre las rocas... del mismo modo que el agua ahora fluye en total tranquilidad, así también tu sueño... calmo... sereno... continuo... agradable... puro... fluyendo en silencio... con seguridad... penetrándolo todo... fluyendo en silencio... con seguridad... con fuerza... llegando a cada lugar que desees... todo ante él es posible... todo plan... idea... opinión... sentimiento... emoción... se expresa con absoluta confianza y audacia... agua y sueño y un río y un día y una cama y una noche... silencio y sonido, oscuridad y el placer del fluir... en la continuidad del sueño... el sueño profundo y el río profundo... así como fluye el río, así fluye tu sueño... profundo... continuo... fluido... tranquilo...

Durante unos veinte minutos, Abudí (Abd al-Islam) estuvo en un estado de hipnosis. Su cuerpo y los músculos de su rostro parecían relajados, y su respiración era lenta y serena.

Comencé a contar hacia atrás de diez a uno, acompañándolo con la sugestión de que, con cada número que oyera, empezaría a regresar a su estado natural y a recordar lo que le resulta beneficioso para él y su condición.

Al llegar a uno, abrió los ojos, y una leve sonrisa se dibujó en su rostro. Me preguntó cuánto tiempo había estado en ese estado.

Una de las características de los estados hipnóticos es la ausencia de la noción del tiempo. Por lo general, los pacientes esperan una hora o más de sueño, mientras que todo el proceso dura mucho menos.

En cualquier caso, era evidente que estaba a gusto. Las sugestiones que le di durante la hipnosis lo acompañarían durante toda la semana, y ya veremos qué pasa después, me dije.

Abudí llegó a la segunda sesión un cuarto de hora antes y esperó. Lo observé mientras el paciente anterior se marchaba y, por sus movimientos corporales, entendí que estaba tenso. Sus piernas se movían con inquietud, y tenía las manos fuertemente entrelazadas. Fui resumiendo la sesión que acababa de terminar y, de paso, me pregunté qué escondían esos movimientos y por qué había llegado temprano.

Me sentí incómodo, sin entender el origen de esa sensación. Algunos atribuyen tal sensación a la perfección profesional por la que siempre me esfuerzo. Quizá esa era la razón...

Quizá no ha cambiado nada...

Quizá no se benefició del tratamiento...

Y quizá vino a decirme que había fracasado en mi terapia...

Pero solo me he reunido con él una vez, y sería injusto juzgarme por una sola sesión, dijo la voz racional dentro de mí.

Abudí entró a la hora convenida, aunque yo me sentía ansioso por satisfacer mi curiosidad y recibirlo antes.

—Cinco, doctor, ¡hoy estoy en el nivel cinco! Esta semana dormí bien... Me desperté una vez cada dos días, y más bien ligeramente. No molesté a nadie. Cuando me despertaba, enseguida me volvía a dormir sin estallidos. Mi esposa me preguntó qué había pasado que dejé de despertarme. Por cierto, ella no sabe que he estado viniendo a verlo.

La tensión que había visto antes había dado paso a la excitación y la alegría por el hecho de que venía con buenas noticias.

¿Por qué demonios mi interpretación me llevó a lugares negativos?

Una semana antes, se había autoevaluado en nivel diez–el nivel más alto de la escala.

Ahora, al estar en la mitad, solo le quedaban cuatro niveles para alcanzar la meta que se había fijado–el nivel uno.

Dediqué la segunda sesión a practicar la autohipnosis y le pedí que la realizara dos veces al día.

Cuando vino a la tercera sesión, estaba en el nivel tres, aún más cerca de su objetivo, y decidí que era momento de hablar de modos de autoexpresión, en especial de transmitir miedos y opiniones que son incompatibles con las de su padre y su entorno, y que no se ajustan a ellos. Trabajamos el afrontamiento de situaciones difíciles mediante la hipnosis.

Abudí salió de la sesión con herramientas para una conducta asertiva, así como muchas sugestiones, tanto directas como indirectas, dirigidas a fortalecer su autoconfianza y a reforzar vínculos sociales genuinos.

¿Había relación entre la enuresis nocturna involuntaria y la ira reprimida que sentía hacia sus padres?

¿Son sus problemas de sueño otra faceta de la ansiedad vinculada a esa ira hacia sus padres, especialmente hacia su padre, que se niega a transmitirle el oficio de carpintero porque no cree en sus capacidades, aunque nunca le dio la oportunidad de demostrarlas?

¿Marca la noche el inicio de una lucha que surge del subconsciente y le había demostrado que siempre vence?

En cualquier caso, las respuestas a todas estas preguntas que corrían por mi mente me eran claras, y no le pedí a Abudí que las confirmara ni las negara.

Pero ahora hay una nueva víctima de esta lucha—el hijo que, sin culpa alguna, nació en medio de un conflicto feroz y prolongado entre los adultos que lo rodean.

Tras tres sesiones, pidió tomarse una larga pausa.

Estuve de acuerdo, ya que disfruto oír buenas noticias después de una pausa en la terapia.

Y, en efecto, esas fueron las noticias al cabo de unos dos meses.

Abudí fluye en su sueño por la noche, y lo mismo ocurre con su vida conyugal y sus relaciones con su padre y con las personas a su alrededor.

—Dime, Abudí... ¿cómo estás?— inicié la sesión.

—Lo siento, doctor, pero me llamo Abd al-Islam— dijo con firmeza, acompañado de una sonrisa.

Dejó de usar su apodo infantil...

Su nombre de ahora en adelante... Abd al-Islam!

Capítulo 14

Emil

Ansiedad ante los exámenes

Después de volver de la escuela, se comió su almuerzo —o, más bien, parte de él— para apaciguar el hambre, y luego se metió en su cuarto.

Una cama doble de caoba, rematada con un lujoso colchón king size. Un escritorio sobre el que hay una computadora Mac, y junto a ella un celular nuevo, también de Apple, con su caja aún colocada a su lado. En la pared cuelgan varias fotos de los Alpes nevados, una imagen de las Cataratas del Niágara, y una foto del *Big Ben*, que al parecer fue tomada con una cámara aérea a gran altura, quizá desde el *London Eye*. Sobre la cama cuelga una gran imagen de la Plaza Roja, en la que él aparece de pie entre sus padres.

Se sienta en la silla junto al escritorio que su padre le compró cuando renovó el mobiliario de su despacho, para preparar un examen de física que tendrá lugar dentro de dos días.

Pasa las páginas de un libro y resuelve varios problemas con facilidad. Lee sobre las leyes del movimiento y de la velocidad, sobre la línea recta, y las practica. Todo transcurre como de costumbre.

A las 7:30 de la tarde, oye el Mercedes entrar al patio y el sonido del portón eléctrico que chirría al cerrarse tras él. Unos instantes después, oye la puerta principal cerrarse y los pasos de su padre.

Sabe exactamente lo que ocurrirá en los siguientes momentos: inmediatamente después de entrar en la casa, su padre cuelga las llaves en un tablero de madera junto a la puerta. Guarda el bolso Prada —que compró durante un viaje familiar a París— en un armario construido específicamente para ese fin y que alberga exactamente tres bolsos. Luego se quita el abrigo armenio, lo cuelga en el perchero de madera, se descalza, se acerca a su esposa, la besa ligeramente en los labios y pregunta por él.

Observa los pasos de su padre desde su cuarto y espera. Pasan unos momentos de silencio. "Ahora están hablando de mí", se dice a sí mismo. La cocina colinda con su cuarto y puede oír el sonido de los platos al introducirse en el lavavajillas y el tintinear de los vasos al colocarlos sobre la mesa. Incluso alcanza a oír a su padre masticando la comida y el sonido del agua hirviendo en el hervidor para el té.

—Estoy harto, mujer. No sé qué hacer con él.

—No sé qué más se puede hacer. Hablamos con el maestro de clase y el orientador y le conseguimos un profesor particular, y no cambió nada. Me temo que empeore aún más.

—¿82 en Biología? Eso es una broma... ¿82?!

—La culpa es tuya. Lo malcriaste demasiado. Le diste todo lo que pidió.

—No sé, mujer, es nuestro único hijo.

Y así siguió la conversación, el padre exponía a su esposa sus preocupaciones acerca de él. A veces ella compartía sus inquietudes y lo acusaba de ser la causa, y otras era una conversación corriente y silenciosa mientras una sensación de impotencia se apoderaba de ambos. Ninguno conocía el camino que conduciría a su hijo a obtener resultados excelentes como en la secundaria, cuando su promedio era del cien por ciento. Ahora está a punto de terminar décimo grado, y sus notas oscilan entre C y A.

Desde su habitación, oye cada susurro y cada suspiro. Oye los movimientos de los ojos de su padre y oye a su madre golpearse la cabeza con la mano.

Cierra los ojos. Ahora puede oír los latidos de sus corazones, sus pensamientos, su amor por él e incluso su energía decreciente. Puede oír su insatisfacción con sus logros y con él. Su desilusión es especialmente grande, pues a lo largo de sus vidas estaban acostumbrados a esforzarse, tener éxito y cumplir sueños.

Lo oye todo, incluso cuando no hablan en su presencia. Oye lo que pensaban decir pero no dijeron.

Pero ahora siente una ira profunda y una necesidad de castigarse.

"Soy un fracaso... Soy un perdedor... Mis padres merecen sentirse orgullosos de mí."

Se esfuerza mucho en sus estudios y comprende la materia, e incluso se convirtió en una figura destacada entre sus compañeros. Pero últimamente le ocurrió algo que nunca antes había experimentado, y no lo entiende ni sabe qué lo causó. Sin embargo, el resultado es claro: no puede cumplir su deseo de que sus padres estén orgullosos de él y no puede realizar el sueño que ellos tienen respecto a su éxito. Y quizá no podrá elegir un camino que lo lleve a una profesión respetable en el futuro —medicina, como su madre, o derecho, como su padre.

En los últimos meses escuchó muchas charlas y se las sabía de memoria. Incluso recordaba la secuencia de sus frases. La charla comienza con un tono calmado y un lenguaje medido: "Te lo dimos todo; no escatimamos nada contigo. ¿Qué te falta, cariño?" y luego: "Dime, ¿qué quieres? Estamos dispuestos a darte todo lo que quieras —siempre y cuando estudies y nos honres. Escucha a las personas que te rodean, escucha a tus maestros. Debes entender que tu futuro depende de tus logros académicos y de tus calificaciones. Mañana te encontrarás en la calle."

Inclina la cabeza y suspira, luego continúa invirtiendo esfuerzo en sus estudios de física para demostrar, esta vez, que es capaz de estar a la altura de las expectativas de sus padres y de la gente en general.

Retrocedamos un año entero.

Se llama Emil y cursa décimo grado. Va a la escuela a presentar los exámenes parciales. Todo transcurre con normalidad. Todas sus calificaciones son excelentes como siempre. Hoy tiene un examen de Biología, su asignatura favorita, que seguramente se convertirá en el eje principal de su carrera profesional en el futuro, pues aspira a ser médico y especializarse en neurocirugía.

Algunos alumnos de su clase se reúnen a su alrededor, preguntando por temas que no comprendían o solicitando explicaciones adicionales. Emil es la persona a la que todos acuden para cualquier pregunta. Sonríe y asume el papel de profesor, explicando cuanto puede hasta que suena la campana. Todos entran al aula, toman asiento uno a uno y esperan a que el profesor entre y distribuya las hojas del examen. Algunos sienten el pulso acelerado, otros se ruborizan, mientras que algunos no muestran ninguna señal de ansiedad. Unos pocos incluso esperan con entusiasmo la prueba para descubrir hasta qué punto dominan la materia.

Emil suele pertenecer a este último grupo.

Pero esta vez, sus sentimientos lo traicionaron. En el momento en que el profesor se acercó y le entregó la hoja, lo invadió una emoción extraña, una que nunca había conocido. Nunca le había tenido miedo a los exámenes ni había sufrido ansiedad ante los exámenes, y, sin embargo, algo peculiar ocurrió por primera vez en ese mismo instante.

Trató de ignorar esa sensación y empezó a escribir el

examen. Echó un vistazo rápido a las preguntas y notó un término que debía definir y del que sabía muy poco. No terminó de leer todas las instrucciones; de haberlo hecho, habría sabido que tenía la opción de elegir otra pregunta. Lo único que recuerda es que su corazón empezó a latir con rapidez y que corría hacia alguna meta que deseaba alcanzar desesperadamente y de inmediato.

Quizá huía de la amenaza de ese concepto que lo había sorprendido y podría haberlo abrumado, o quizá era el esfuerzo, la lucha y el afán por llegar a la línea de meta del examen. No sabía si su instinto era luchar o huir. La indecisión entre atacar el examen y superarlo, o rendirse, lo acompañó durante toda la prueba. A ratos se quedaba paralizado, otras veces atacaba y, en ocasiones, huía. Como resultado del enorme esfuerzo físico y mental al que no estaba acostumbrado, sintió sequedad en la boca, un calor que se extendía por la cara y los oídos, y en su cuerpo se secretó una gran cantidad de cortisol —la tristemente célebre hormona.

Le temblaba la mano, y trató de bucear en el reservorio de su memoria, quizá para encontrar soluciones, pero no halló más que información escasa.

Se adentró más en su búsqueda, y cuanto más se esforzaba por sumergirse, peor se ponía. Se le aceleró el pulso, estaba empapado en sudor, se debilitó su memoria y disminuyó su concentración.

El profesor notó que estaba luchando, dudando y sudando profusamente; se acercó e intentó calmarlo.

Logró relajarse un poco y, al cabo de un rato, consiguió escribir lo que pudo extraer de su memoria.

Cuando sonó el timbre, todos los estudiantes entregaron sus hojas del examen al profesor.

Una semana después, la noticia lo dejó atónito: su nota fue 82.

Era la primera vez en su vida que recibía una nota así. La nota más baja que había recibido hasta entonces había sido 95 en un examen de historia, dos años antes. Pidió repetir el examen, como le indicó su padre, y, tras solo una semana, realizó un examen de recuperación de historia y obtuvo una calificación de 100. Pero ahora la situación era completamente diferente, se dijo a sí mismo; la nota era mala y, peor aún, la asignatura del examen, ya que de ella dependían sus estudios futuros.

Y aquí se le abrió un nuevo camino.

Un camino de obtener notas que no se corresponden con el esfuerzo invertido.

Un camino de sufrimiento en sus relaciones con la familia y los amigos, y lo peor de todo, consigo mismo.

Sus calificaciones en la mayoría de las materias habían empeorado y eran más bajas que antes; apenas lograba una A. Las reuniones con el orientador escolar no le ayudaron como se esperaba.

—Quizá necesitas tiempo extra en los exámenes, porque tienes dificultades de aprendizaje de las que no somos conscientes— le dijo el orientador.

Vino a verme acompañado por su madre, y ella me explicó el problema —su problema, y el de ella y el de su marido también.

—Necesita una evaluación psicopedagógica, dijo.

—De acuerdo, necesitamos evaluar para entender por qué no está aprovechando sus capacidades— dije, mostrando que comprendía sus palabras a la vez que definía y aclaraba el propósito de la reunión.

Una pesada responsabilidad recae sobre el experto durante su primer encuentro con quienes acuden en busca de su ayuda. Debe orientarlos, acompañarlos, ayudarlos y ofrecer asesoramiento profesional antes de atender sus solicitudes. A menudo, los padres acuden para que su hijo se someta a una evaluación psicológica, pero se van tras una única sesión de orientación centrada en cómo abordar el problema de su hijo. En ocasiones, acuden pidiendo tratar un problema conductual específico y terminan recibiendo una prueba de inteligencia. Esto no solo reduce gastos materiales y ahorra a los padres costos adicionales, sino que también ayuda a prevenir sentimientos de impotencia, frustración y, a veces, ira por parte de los padres, así como el deterioro de la relación entre ellos y su hijo, cuando sienten que el remedio que solicitaron y recibieron del terapeuta no dio ningún resultado.

Quizá Emil sí necesitaba una evaluación psicopedagógica, ya que las quejas planteadas por él y su madre están en realidad relacionadas con sus capacidades de memoria y concentración. Después de todo, existe una sólida relación dialéctica —una influencia recíproca— entre la memoria, la concentración y el estado emocional de la persona. En otras palabras, las dificultades de memoria y concentración tienen causas emocionales, neuropsicológicas y mentales que pueden dar lugar a auténticas dificultades de aprendizaje, y muy bien podrían explicar la condición de Emil.

Cabría preguntar: ¿Por qué esta dificultad de aprendizaje no apareció antes? Al fin y al cabo, sus calificaciones en primaria y secundaria fueron excelentes.

Esta es una pregunta importante y legítima, y la respuesta es clara. Las dificultades de aprendizaje pueden emerger en cualquier etapa de la vida. Depende del ámbito en el que uno opera, del tipo de tareas que se realizan y, algo importante, del grado de dificultad de las tareas requeridas.

Para aclararlo: un estudiante puede ser creativo en una determinada etapa en una asignatura —por ejemplo, matemáticas— y, cuando el material de estudio aumenta y las tareas matemáticas se vuelven más complejas, aflora una dificultad de aprendizaje que siempre estuvo ahí. Esto puede suceder en cualquier etapa de los estudios hasta la entrada a la universidad.

Las dificultades de memoria y concentración también pueden estar relacionadas con capacidades intelectuales más bajas, pero, en el caso de Emil, todos los datos mnemónicos que presentaba disiparon claramente cualquier duda sobre sus capacidades intelectuales.

Queda, entonces, evaluar de forma general sus capacidades de memoria y concentración.

Le propuse un sencillo ejercicio de memoria de dígitos de las pruebas de inteligencia de Wechsler, que también examina la capacidad de concentración. Cuando le pedí que recordara unos cuantos números, la tensión se le notaba en la cara. Necesitaba mucho apoyo, así como justificación y legitimación de su fallo, según varias explicaciones que yo había elaborado. Al final, consiguió obtener una puntuación superior al valor de referencia habitual para esta tarea.

A partir de este examen, comprendí que el problema no era una dificultad de aprendizaje, sino cuestiones relacionadas con su estado emocional. Se trata de un miedo a los exámenes, o lo que se conoce como ansiedad ante los exámenes.

Le pregunté cómo se había sentido durante la tarea que acababa de realizar —el ejercicio de memoria. Respondió:

—Me asusté... Sí, me pongo nervioso en los exámenes... Creo que tengo un problema en ese aspecto.

—¿Cuál es tu nivel actual de miedo en relación con los exámenes?

—Ocho de diez, dijo.

—¿Y cuál es la meta a la que aspiras?

—Tres. No pasa nada si queda un poco de miedo, porque me ayuda a prepararme en serio para los exámenes.

—¿Tres? Por lo general, los estudiantes o los

pacientes aspiran a un nivel de cero o uno —es decir, un estado de 'ningún miedo en absoluto' o solo una cantidad mínima y saludable de miedo.

Pero Emil eligió como eligió, ya que ese miedo era una de sus motivaciones e incentivos para tener éxito. "Mientras esto siga siendo así en esta etapa del tratamiento", pensé para mis adentros, "es posible que una vez que logre esta meta, quiera fijarse otra." Hablemos de eso ahora.

Le pregunté qué sabía de la hipnosis, si había oído algo al respecto, si la había visto por casualidad en una película o leído sobre ella. Dijo que no había oído absolutamente nada sobre el tema.

Tras una breve explicación de la hipnosis, resumí:

—Cuando usamos la hipnosis, entramos por vías inconscientes que eluden tanto el control como la conciencia. Entonces empezamos a buscar soluciones a los problemas psicológicos a los que la persona se enfrenta. Además, podemos buscar modos y mecanismos para reforzar los talentos y las habilidades de una persona. En tu caso, buscaremos soluciones para la ansiedad ante los exámenes, ¿de acuerdo?

Obtuve su consentimiento por escrito para utilizar la hipnosis, así como el de su madre, ya que aún no había alcanzado la mayoría de edad, y comenzamos el tratamiento.

Entró en un estado hipnótico rápida y fácilmente. Cerró los ojos y se hundió en el sofá con el cuerpo pesado y relajado. Su expresión era serena y relajada; cuando estos signos aparecieron, le pregunté:

—Dime, ¿qué ves ahora?

—Veo unas escaleras que ascienden... doce escalones.

—¿Dónde estás ahora? ¿En qué escalón?

—Estoy en el décimo escalón. (Está en 10º grado)

—¿Qué más ves?

—Veo habitaciones cerradas a la derecha de cada escalón... habitaciones con puertas de hierro cerradas.

—Ajá...

—Quiero abrir la puerta de la habitación.

En esta fase, no consideré que hubiera una necesidad terapéutica de abrir las puertas de esas habitaciones y entrar en ellas. Si ve doce escalones y está en el décimo, quizá el objetivo sea centrarse en continuar el ascenso. Si se encontrara alguna dificultad en uno de los escalones siguientes, entonces podría ser necesario abrir la habitación contigua para ver qué oculta en su interior.

—Bien, Emil. Dejemos ahora la habitación y sigamos subiendo. Quizá volvamos luego y abramos su puerta. Así que estate tranquilo. ¿De acuerdo?

—Quiero subir, pero hay un problema en el décimo escalón. No puedo continuar.

—Dime... ¿cuál es el problema? ¿Cuál es el obstáculo que te dificulta seguir subiendo?

—Es un portón... un portón de hierro... antiguo... oxidado... está cerrado con llave, y no puedo abrirlo... Tampoco puedo saltarlo, porque tiene rollos de alambre de púas.

—Entiendo... entiendo... Hay un portón de hierro cerrado con llave, y no puedes superarlo ni saltando ni rodeándolo... Mira con atención a tu alrededor y dime si puedes encontrar una manera de resolver este problema y avanzar... Algo que pueda ayudarte a abrir el portón o a atravesarlo o...

—Veo a los alumnos de mi clase pasar con facilidad... todos lo superan sin dificultad como si no existiera... me están adelantando... ahora estoy solo... todos han subido varios escalones por encima.

Mostró signos de inquietud —su cuerpo empezó a temblar, su cabeza se movía rápido de un lado a otro y el ritmo de su respiración aumentó.

Expliqué que necesitaba guiarlo al lugar seguro del que me había hablado antes, para que pudiéramos seguir buscando con calma un medio que lo ayudara a superar el portón.

—Emil, quiero que recuerdes ahora ese lugar seguro del que me hablaste... Imagina ese lugar en la montaña, entre los pinos, a última hora de la tarde... hace un tiempo cálido y agradable... suaves brisas acarician las agujas de los pinos... las ramas que se mecen al viento crean una música agradable acompañada por el trino de diversas aves... a lo lejos, oyes el canto de un cuco... ¿lo oyes? Estás sentado con tu amigo... los dos apoyados en el tronco de un pino... Ves a lo lejos a tus padres y a los padres de tu amigo conversando y riendo... Desde lejos se ve el mar y los grandes barcos anclados en el puerto...

Noté que se calmó y que su cuerpo se relajó, y continué:

—Ahora quiero que mires con atención hacia el portón que te impide seguir subiendo por la escalera... ¿qué necesitas para superarlo? ¿Qué podría ayudarte?

—Una llave— respondió enseguida.

—Entiendo... ¿Quieres ver si hay una llave junto al portón... en algún lugar?

—Veo una vasija de barro vieja en el suelo cerca del portón.

—Ajá...

—Veo dentro de ella una gran llave de hierro.

—¿Qué quieres hacer ahora?

—Quiero abrir el portón.

Y eso fue lo que hizo. Abrió el portón, lo dejó abierto y devolvió la llave a su sitio.

Emil siguió subiendo escalón tras escalón hasta llegar al duodécimo escalón —el límite que había visto cuando la escalera se le reveló por primera vez—. Ante sus ojos se extendía una vasta llanura verde con senderos que conducían en varias direcciones. Desde donde estaba, podía elegir una de las rutas. Sintió una gran alegría, y una sonrisa se extendió por su rostro mientras permanecía en un estado de hipnosis profunda.

Eligió uno de los senderos y lo recorrió.

Le pregunté si le gustaría abrir las habitaciones que había dejado atrás junto a la escalera.

—No quiero volver— dijo —si fuera abriendo las puertas una tras otra, ahora no estaría aquí.

—Muy bien, Emil. Te deseo un viaje exitoso.

Durante las instrucciones para salir de la hipnosis, me centré en una sugestión poshipnótica:

—Cuando regreses a tu vida habitual y a tus estudios cotidianos, descubrirás cuán grande es tu capacidad para encontrar la llave y la solución a cualquier obstáculo... junto a cada obstáculo hay una llave que permite retirarlo... todo lo que necesitas es hacer una pausa un momento e imaginar el lugar seguro del que me hablaste, luego tomar varias respiraciones profundas y mirar a tu alrededor para encontrarla... y la encontrarás. Después de superar cualquier obstáculo, recordarás la escalera que te llevó hacia arriba... a un mundo lleno de oportunidades y posibilidades que dibujarán una sonrisa en tu rostro y te otorgarán paz y confianza para el futuro.

Llegó a la siguiente sesión con un informe positivo. Su nivel de miedo había bajado a nivel cuatro.

Decidí centrar la siguiente fase en alentar, afianzar y fortalecer este avance.

—Dime, Emil... tu madre dijo que te gusta ayudar en la cocina. ¿Qué es lo que más te gusta?

—Me encantan los dulces.

—¿Te gusta hornear tartas?

—Por supuesto... muchísimo, especialmente la tarta de manzana.

Después de que explicó cómo hace la tarta de manzana con su madre, comenzamos la hipnosis.

Mientras estaba en estado de hipnosis, en la tarta de manzana que él elaboró se mezclaron ingredientes adicionales —como fuerza, autoconfianza, energía, valentía y éxito—, todo ello integrado con la harina, el azúcar, el agua, las manzanas y los demás componentes.

Ahora teníamos una tarta de manzana especial que contenía todo lo que Emil ama y necesita para afrontar su ansiedad.

—Siempre que sientas una especie de ansiedad... de miedo... durante tus estudios, o en un examen, o en cualquier otra situación, basta con que cierres los ojos unos momentos y tomes un pequeño bocado de esta tarta... esta excelente y especial tarta de manzana... Sentirás crecer tu fuerza y aumentar tu autoconfianza, y entonces te acercarás al éxito y lo harás realidad. Cuando des un bocado de esta tarta, sentirás su sabor dulce dándote gran fuerza, energía inagotable y valentía en tus esfuerzos por alcanzar tus aspiraciones y metas.

Esa fue la sugerencia final.

Emil no tenía problemas que requirieran una evaluación psicopedagógica, ni necesitaba tiempo adicional en los exámenes. Todo lo que necesitaba era un recordatorio de las capacidades que llevaba dentro y la liberación de los bloqueos emocionales que habían detenido sus energías e impedido su aprovechamiento.

Hoy, Emil cursa el cuarto año de Medicina en una de las principales universidades de Europa.

Cuando lo vi el verano pasado, le pregunté si su tarta seguía siendo suficiente para él. Sonrió y dijo que comparte porciones con sus compañeros de clase.

Capítulo 15

Rana

Una pesadilla o un sueño

—¿¡Y yo?!... ¡Estoy aquí! ¿¡Y qué hay de mí?! ¿Por qué me dejaste?— gritó pidiendo ayuda con voz aterrorizada.

Se sentó en la cama y siguió enfrentándose sola a su pesadilla mientras dormía. Eran casi las tres de la madrugada.

—No te olvides de mí... espérame... estoy aquí..— seguía gritando pidiendo ayuda.

Enviaba miradas desesperadas hacia lo alto, alzando la cabeza y la mano izquierda, buscando una mano que la rescatara y la elevara hacia lo alto, como si alguien hubiese salido volando a toda prisa y la hubiese dejado herida y sangrando en un mar embravecido lleno de tiburones, o en lo hondo de un bosque oscuro donde acechan ojos relucientes y dientes brillantes y afilados, esperando el momento en que se abalanzarían sobre ella con zanahorias.

Gritó con fuerza y siguió pidiendo ayuda a pesar del matiz de desesperación en su voz.

Era una figura a la que todo pintor soñaría dar vida en su cuadro.

Se sorprendió al sentir correr las lágrimas de los ojos de ella.

Él la conoció uno años antes de eso. En su presencia, ella se esforzaba por mantenerse firme como una roca, fuerte y segura de sí. Cuando él empezaba a flaquear, ella lo abrazaba y lo estrechaba contra su corazón, y cuando percibía que su debilidad estaba a punto de quedar expuesta, huía de él, se apresuraba a su habitación y lloraba hasta que se le secaban las lágrimas. Después, se limpiaba el rostro, se ponía una sonrisa suave en los labios y volvía con él como si nada hubiera pasado.

Rechazaba estar en cualquier lugar donde pudiera parecer débil o en cualquier sitio que pudiera recordarle la impotencia o la derrota. Cada día, le preguntaba si se la veía tensa, y cada vez él respondía negativamente, lo cual la apaciguaba y le dibujaba una sonrisa. Su amor propio y su confianza en sí misma se reforzaban al oír esa negación tajante, y se sentía aún más fuerte.

Su deseo de que ella permaneciera fuerte y firme a su lado para poder protegerlo nunca le impidió decirle que él creía que "la fuerza de una persona radica principalmente en su capacidad de revelar su debilidad".

Ella sonrió en silencio, como diciéndole: "Estás soñando, cariño. Soñando."

Y entonces el sueño le llegó en forma de pesadilla.

Al fin y al cabo, no se puede huir de lo inevitable; si no es en la vigilia, es en el sueño.

Rara vez compartía sus sentimientos con los demás, pues no estaba acostumbrada a revelar las profundidades de su corazón. Y quizá era una elección personal que tomaba por razones que nadie más podía descifrar. Pero había recorrido un largo camino con él, y con él estaba más segura de sí que nunca, más abierta consigo misma que antes, y se amaba más. Jamás habían brotado en ella estas emociones con la intensidad con que lo hacían ahora.

Aun así, todavía necesitaba una gran seguridad para abrirse paso y elevarse cada vez más alto.

Él sabía todo esto de ella, aunque ella sonriera quedamente y no dijera nada.

La comprendía con una sola mirada en sus ojos o con un leve suspiro que se escapaba de sus labios.

Lo sabía muy bien.

Nunca había compartido sus sentimientos con nadie como los compartía con ella. Veía en ella un refugio y un cálido abrazo —una guía y un sostén— y, de hecho, eso era exactamente lo que ella era.

Lo escuchaba durante horas, dispuesta a aceptar su opinión en todo y otorgándole un respeto incondicional, pero ¿derramaba sus lágrimas ante él?

¡No, no!

Quizá se despojara de todo, pero ¿se despojó de sus mecanismos de defensa ante él? ¿De su fuerza?

¡Nunca!

Ahora la pesadilla la asaltaba. Hablaba y pedía ayuda a gritos mientras dormía y soñaba.

Quizá lo llamó, y él no respondió.

Pero se dijo a sí mismo, e inmediatamente lo invadieron fuertes sentimientos de culpa. Se acercó en silencio, la abrazó, la besó en la frente y le acarició el cabello como a ella siempre le había gustado. Luego volvió a apoyar su cabeza en la almohada como a una niña pequeña, le secó las lágrimas sin mirarla y se quedó con ella mientras extraía de ella fuerza y amor, sosteniéndole la mano hasta que se calmó y volvió a dormirse.

Se prometió a sí mismo que no había visto nada ni oído nada, porque la amaba tal como ella deseaba ser vista: fuerte y segura de sí.

La luz de la mañana se alzó y se filtró por las cortinas grises que cubrían el lado oriental del apartamento en el cuarto piso de un edificio alto.

—¿Nos dormimos enfadados, no?— preguntó y sonrió como de costumbre tras abrir los ojos.

Apoyó la cabeza en su pecho y empezó a acariciarle el cabello revuelto y su larga barba negra.

—¡Fuiste tú quien se enfadó antes de quedarte dormida, no yo!— dijo, burlón y juguetón, hablándole con su habitual franqueza.

Sonrió y pasó a acariciar el vello de su pecho.

—Te Amo— dijo, enfatizando la letra A.

Él la abrazó con fuerza y suspiró, sin recordar la última vez que había oído esa palabra.

—¡¿Y yo?!... ¡Estoy aquí! ¡¿Y qué hay de mí?! ¿Por

qué me dejaste?— gritó pidiendo ayuda con tono de pánico. Se incorporó en la cama y siguió enfrentando su pesadilla en estado de hipnosis.

Eran casi las seis y media de la tarde.

Esta vez no estaba sola.

Yacía en el sofá de la sala de terapia, después de venir a enfrentar su pesadilla, que se había repetido varias veces, inmersa en hipnosis y convocando a su pesadilla para que volviera y poder confrontarla.

Él también estaba en la sala, a petición suya y por su voluntad.

—No te olvides de mí... Espérame... Estoy aquí... Estoy aquíííí...—continuó pidiendo ayuda y lanzando miradas desesperadas hacia arriba.

La dejé en ese estado durante unos momentos, creyendo que, mientras aquella reacción emocional —la abreacción— continuara, y sintiendo que estaba cumpliendo su propósito, era mejor dejarla.

A veces trabajamos en abrir nuevas puertas e intentamos reforzar la respuesta emocional, mientras que otras veces, cuando es necesario, la apaciguamos. Y a veces hacemos ambas cosas a la vez — reforzar la respuesta emocional hasta cierto punto, luego calmarla, luego volver a fortalecerla, y así sucesivamente... Esto depende de las decisiones del terapeuta, que generalmente brotan de su intuición profesional y su experiencia terapéutica.

—Cuéntame qué ves.

—La gente está volando... rápido... corriendo... se

fueron y me dejaron... Hay una puerta grande allí, salieron por ella y la cerraron detrás de sí... Estoy corriendo e intentando alcanzar la puerta para salir... y para volar... pero la puerta está cerrada... no hay llave ni nada de lo que pueda agarrarme... La puerta es lisa... pegajosa... completamente blanca...

—¿Puedes describir el lugar donde estás? ¿Qué hay detrás de ti?

—Animales... Estoy en un jardín de animales depredadores... todos los animales me persiguen... quieren devorarme...

Su llanto fue intensificándose poco a poco.

—Muy bien... Entiendo que hay un grupo de personas allí que se han ido, han huido, han volado y te han dejado atrás, expuesta a animales depredadores... y no tienes salida para dejar el camino por el que ellos salieron... Quiero asegurarme de que tu imaginación pueda encontrar una vía y manejar esta situación... que tu subconsciente pueda conducirte a una solución... ¿quieres?

—Sí.

—¿Qué quieres hacer? ¿Cómo imaginas la solución?

—Quiero salir de allí.

—Entiendo. Quieres salir de este jardín de animales depredadores.

—Ahhhh— murmuró en voz baja, esperando la liberación...

—Si de verdad quieres salir de este lugar, solo necesitas imaginarte una salida. Puedes quedarte, aporrear la puerta cerrada, gritar, pedir a gritos que la gente que te dejó vuelva y te ayude... tal como estás haciendo ahora, o puedes buscar otra vía... ¿qué prefieres?

No respondió.

—Sé que la decisión es difícil... porque todavía esperas que vuelvan y te abran la puerta...

—Quizá tengan compasión de mí... y vuelvan...

—Entiendo... aún esperas que regresen... ¿Qué te dice tu subconsciente? ¿Hay otra posibilidad?

No respondió.

—Estoy contigo... te guiaré y te aconsejaré cómo utilizar tus fuerzas internas. Ahora te estás conectando con tu subconsciente... porque allí yacen todas las soluciones... allí yacen todas las puertas... allí yacen todos los caminos para salir... para volar... para flotar... para liberarte...

Ella interrumpió mis palabras y dijo:

—Veo un globo aerostático.

—Bien... descríbelo.

—Es de un azul como el del cielo... tiene varios diseños hermosos... hay pájaros pintados que surcan el cielo... me estoy acercando... está en el suelo... no hay nadie dentro...

—¿Qué quieres hacer?

—Quiero subir a la cesta, por supuesto.

—Subió a la cesta y comenzó a flotar. [10]

Parte Tres

Historias de la vida

Capítulo 16

No soy nada

Poco después de la medianoche... oscuridad... tinieblas absolutas a esta hora.

Conduzco mi coche por el camino de tierra paralelo a la orilla del mar, de regreso a mi casa en uno de los pequeños pueblos de montaña de esta isla.

La carretera está vacía; saboreo lo desconocido y avanzo inmerso en un embriagador éxtasis, como un conquistador que se eleva por encima de los baches interminables del camino.

A mi derecha, una montaña alta; a mi izquierda, un talud; y, debajo de ambos, un mar vasto y oscuro; delante no veo más que los faros generosamente desplegados del coche que conduzco.

Inclino mis oídos al silencio, y una voz fuerte se alza desde dentro de mí:

—Detente, querido, detente, ¿por qué tanta prisa?

Obedezco, porque escucho esa voz interior.

Apago el motor y las luces del coche, me bajo y me inclino sobre él. Necesito algo en lo que apoyarme, algo contra lo que apoyar la espalda, porque solo entonces me siento tranquilo y seguro.

No hay sonido salvo el silencio, ni música excepto la melodía de las olas que llega a mis oídos mientras bailan con calma y en maravillosa armonía con mis respiraciones, mis inhalaciones y mis exhalaciones.

Una brisa suave me acaricia el rostro y las orejas y luego se desvanece.

El único aroma es el del mar salado. La única visión es esta oscuridad de medianoche sin luna, perforada solo por luces tenues que emergen de varias casas lejanas y los pálidos resplandores de pequeñas barcas de pesca que aparecen y se desvanecen, dejándote sin saber si provienen de las profundidades del mar o de la inmensidad del cielo, pues el horizonte que antes los separaba ha desaparecido.

Alzo la cabeza hacia la luz, hacia los cielos que me atraen pese a mi voluntad, y me hundo en mis pensamientos.

Abundan las estrellas titilantes, y la Vía Láctea resplandece en el corazón de los cielos.

Dispongo el camino ante mí, alzo la cabeza una vez más, contemplo las estrellas e imagino las distancias entre ellas. Las veo como vecinas, puerta con puerta; y, sin embargo, sé por lo que he aprendido que esas distancias allá arriba se miden en años luz.

Entro en un estado de hipnosis que me permite

adentrarme en la tercera dimensión y ver lo que existe detrás y en profundidad.

Tomo un respiro pleno, sin freno, e inmediatamente surge de mí, sin pedir permiso, una pregunta:

—¿Quién eres, criatura? ¿Cuál es tu magnitud en este universo?

—¿Yo? ¡Ah... nada... Soy insignificante ante todo lo que veo, respondo sin pensarlo, ni por un instante.

¿Dejará este vasto lugar en el que ahora me encuentro algún espacio para el pensamiento? ¿Habrá lugar para pensar cuando estoy en semejante estado hipnótico?

Siento una paz que se extiende por mis huesos tras haber hecho una pausa mis pensamientos, y sigo saboreando el momento presente —aquí y ahora— hundiéndome cada vez más en este universo que me atrae.

—No soy nada— me repito.

Esta fuerza calmante tiene un efecto que ninguna endorfina puede igualar.

Me repito una vez más:

—No soy nada... No soy nada...

Pasa un coche a toda prisa, levantando una nube de polvo que rompe el silencio. Al parecer, su conductor había consumido una cantidad de alcohol muy por encima de su capacidad.

Le grito con una ternura compasiva, porque en momentos como estos, mi corazoncito puede abarcar un mundo entero:

—Detente, querido, detente. ¿Por qué tanta prisa? Ven hacia mí para que conozcas tu propia magnitud.

Pero parece que no le llega ningún sonido —ni desde dentro de mí ni desde fuera—, y mi compasión por él se agota.

El coche se esfuma veloz, como un meteoro que se consume en un instante.

Vuelvo en mí y digo:

—No soy nada en este mundo. No soy nada... Todo lo que hago, todo mi saber, mi amor y mis sentimientos —y todo lo que tengo— es fugaz.

No soy nada, aunque sea un creador, aunque luche y venza, o guarde silencio, con mi corazón sin producir melodía alguna. Mi mente sin pronunciar palabra, incluso si llego a callar ante un insulto y perdonar, o bailar ebrio sobre un cadáver, o perderme en una danza al son de los disparos.

Yo

soy

¡nada!

Capítulo 17

Descansa en paz, Vangelis

Cuando descubrí el mar en esta isla y salí a pescar pulpos, me di cuenta de que tenía un duro competidor —uno que incluso me supera. Lo admito.

Él llegó con su pequeña familia desde un pueblo de montaña para vivir en un pueblo costero, buscando sustento en la agricultura y el trabajo de la tierra, y estableció invernaderos cerca de una montaña, en los que plantó plátanos, junto a sandías y varios tipos de verduras.

Aunque solo sabía flotar en el agua y podía nadar únicamente con aletas, igual que yo, siempre me superaba en la pesca de pulpos.

Cada vez que sacaba uno o dos pulpos del agua, los colgaba del tendedero del balcón de su casa, que daba frente a la nuestra.

Yo estaba convencido de que lo hacía para provocarme, más que para secarlos y guardarlos para la temporada de invierno.

Por mi parte, en las raras ocasiones en que yo pescaba un pulpo pequeño de no más de un kilo —tras dos o tres horas de intentarlo—incluso algunos me advertían que usara al "pulpo bebé" como carnada porque creían que estaba prohibido por ley.

Sin embargo, desoía las advertencias, porque la misión que había añadido a mi lista de prioridades era pescar algo y sumar puntos en esta competencia no oficial, que se había intensificado por la gravedad y la tensión de las noticias que me traía mi esposa, sin mala intención, Dios no lo quiera:

"¿Viste, Ali? Nuestro vecino colgó tres pulpos del tendedero", o" Vaya, vi a nuestro vecino salir del mar con dos en las manos. Si tan solo hubieras visto cómo la gente se agolpaba a su alrededor..."

Y yo, decidido a preservar mi honor (que en mi juventud se hería con tanta facilidad ante cualquier comentario que pusiera en duda mis capacidades), me quedaba callado, sacrificaba mi descanso vespertino y me encaminaba al mar con la esperanza de pescar un par y ver cómo la gente se arremolinaba a mi alrededor, o incluso colgarlos del tendedero para recuperar mi honor, aún colgado en el tendedero de los vecinos.

Ambos venimos de la loma, y ninguno de los dos es de los que flotan —ni en el mar ni sobre el agua; apenas asomamos como una astilla.

Aun así, competíamos entre nosotros sin declararlo nunca oficialmente.

Y él me ganaba siempre.

Y éramos amigos.

La casa donde yo vivía, que ahora se ha convertido en propiedad de mi familia, estaba a solo unos tres metros o menos de la casa que él alquilaba. Ambos ocupábamos el segundo piso, con balcones frente a frente. Entre las casas había un patio compartido en el que pasábamos todas las tardes, hasta entrada la noche, comentando la vida de este y de aquel, la situación en Palestina e Israel, el estado de la economía en Grecia, y así sucesivamente.

A veces simplemente nos sentábamos y nos contentábamos con mirar a la gente que volvía a casa o a los jóvenes que salían a disfrutar de la noche.

Todas las mañanas, él se iba a trabajar la tierra, mientras yo me dirigía al mar a nadar. Al mediodía, yo volvía rejuvenecido y lleno de energía, mientras que él regresaba agotado. Nos cruzábamos por el camino, deseándonos una agradable siesta o *kalo misimiri* (buenas tardes en griego), y él subía las escaleras con pasos pesados, trabajosos.

A la hora de la comida, a veces intercambiábamos platos rebosantes de amor y buena vecindad, pese a nuestra rivalidad. Yo le ofrecía *tabulé* o *freekeh*, y él me enviaba *labneh* de leche de cabra o un gran plato de caracol de montaña frito con romero.

Más entrada la tarde, cuando despertaba de mi siesta,

oía el sonido del motor de su tractor indicando que se dirigía a su parcela a cosechar las verduras que la tierra le había concedido en su generosidad.

Cuando volvía, traía okra, tomates, pepinos y sandías.

Recuerdo que una vez, después de haber regresado y subido a su casa, se plantó en su balcón y me llamó (como si no fuera a llamar nunca más). Yo salí a mi propio balcón. No vi un pulpo en la cuerda, pero lo vi llevando una gran sandía en las manos. Me pidió que bajara a recogerla, pues era para mí.

Me reí y dije:

—Hombre, lánzamela y la atrapo. Yo trabajé con sandías, así que sé exactamente cómo se hace.

Me preguntó si estaba seguro y, una vez que se tranquilizó, la lanzó, y voló directa a mis brazos.

Quise ponerlo a prueba, así que le pregunté si podía atraparla cuando se la devolviera.

No se lo esperaba. La lancé, y él la estalló en el patio donde solíamos encender nuestras conversaciones sobre diversos temas, uno tras otro. Esta vez le gané, y soltamos la risa.

Por supuesto, se fue y volvió con otra sandía—esta vez la trajo él mismo, sin lanzarla.

Hace año y medio, en primavera, mientras trabajaba la tierra con su único hijo, sufrió un infarto y murió.

Tenía cincuenta y cinco cuando falleció.

El verano pasado fui a buscar a su esposa para darle

el pésame y descubrí que había dejado la casa alquilada y el pueblo.

Esta mañana, de regreso de la tienda, me la encontré.

Había vuelto al pueblo, alquilado una casa nueva y vivía en ella como es debido. La encontré sentada sola en el umbral de la puerta contigua a la calle, como es costumbre entre la mayoría de las viudas del pueblo. Estaba corpulenta, y sus muchos achaques se habían agravado. De lejos se distinguían su atuendo negro y la pena en sus ojos. Parecía mucho mayor de lo que era.

Cuando me vio acercarme, se puso de pie, extendió los brazos para saludarme y rompió a llorar.

La invité a venir al patio compartido para que nos sentáramos todos juntos como solíamos. Al oír mi invitación, un hombre lloró.

—No puedo, Ali... no puedo ir allí, dijo.

Me quedé con ella y hablamos unos minutos sobre su marido, sobre recuerdos entrañables, sobre sandías y otros asuntos.

Le pregunté por el bienestar de su único hijo, y me dijo que este año había sido bendecida con un nieto.

Sonreí y solté, en medio de la tristeza:

—Está bien, uno sale, otro entra...

Se calmó un poco, y cuando vi una chispa en sus ojos, le aseguré que continuaríamos nuestra conversación en el patio compartido.

Negó con la cabeza y dijo:

—Todo estará bien...

Me despedí de ella y regresé a casa. Subí las escaleras

y me di cuenta de que yo también, en todo este tiempo, no me había atrevido a mirar hacia el balcón de enfrente. Y entonces miré.

Vi una casa vacía, macetas descuidadas y un balcón lleno de recuerdos.

Iré al mar y, cuando regrese, volveré a echar una ojeada al balcón; quizá lo vea allí, exhausto, o quizá oiga el sonido del motor de su tractor, o vea una sandía surcando el aire, o un tendedero cargado de pulpos.

Pero sabía que no vería nada de eso—solo en mis recuerdos.

Descansa en paz, Vangelis.

Cincuenta y cinco años.

Capítulo 18

Katrina

Siempre vestida de negro, todas las tardes Katrina se sienta sola en el mismo banco de madera del muelle del pequeño puerto, y posa la mirada sobre el vasto mar oscuro y los cielos cuajados de estrellas, en busca de una señal de Cristos, quien dejó este mundo antes de tiempo.

Para los isleños, Cristos seguía siendo joven y se jactaba de tener una salud de hierro. Aunque se lo veía agotado por el durísimo trabajo en los campos, siempre llevaba una sonrisa.

Aquel día de agosto, hace tres años, Cristos ya no era el hombre risueño que había sido cuando fue a la granja a ordeñar la cabra; volvió convertido en un cadáver silencioso, vestido con camisa blanca y traje negro adornado con una pequeña rosa sobre un corazón que seguía amando, pero había dejado de latir.

Tenía sesenta y cinco años cuando falleció.

Detrás de un Mercedes negro ornamentado que

transportaba el ataúd, caminaba Ángela, la única nieta, que aún no había cumplido seis años, acompañada de sus padres y de su abuela, Katrina. Detrás de ellos venían los aldeanos, yo estaba entre ellos.

Ángela estaba muy apegada a su abuelo, más que a sus padres. Durante las veinticuatro horas anteriores, mientras el cuerpo aún yacía en la casa envuelto en sudarios, se había sentado entre familiares y amigos, esperando a que despertara. Pero él seguía durmiendo. Ella lo llamó, y cuando no respondió, rompió a llorar. En el funeral, mientras seguía el ataúd, lo llamó en voz alta:

—Papo... Papo...

Pero no respondió, y sus lamentos se hicieron más fuertes. Como sus lágrimas no la consolaban, de pronto golpeó la parte trasera del coche con toda su fuerza, usando su pequeña mano, y gritó con una voz que sobresaltó a todos, mientras las lágrimas seguían corriéndole por las mejillas:

-*Siku*... *Papo*... *Siku*! (Despierta... Abuelo... ¡despierta!)

Pero no despertó.

Al parecer, la cabecita de Ángela no registró que su abuelo había muerto, y que ya no la acompañaría a la playa ni le enseñaría a nadar.

Los llamados de Ángela a su abuelo conmovieron el corazón de muchos dolientes, y lloraron amargas lágrimas de duelo. En ese momento, sentí que un escalofrío me recorría el cuerpo. El grito de la niña inocente aún resuena en mi mente hoy, y su imagen se me aparece ante los ojos cada vez que recuerdo aquel suceso o paso por el lugar donde se hizo el funeral.

Como si hubiera dejado algo allí, y dentro de mí. No sé cómo se relacionan los demás con ese recuerdo.

Pero eso no importa.

Lo que importa es que, pocos días después del entierro de su esposo, Katrina descubrió aquel banco de madera y vio en él un cálido abrazo y un refugio seguro —quizá un lugar para comunicarse con aquel a quien ama y que ya no está. Se sienta en ese banco cada día hasta altas horas de la noche, en silencio y absorta en sus pensamientos. Tal vez le cuenta a Cristos cosas que antes no tuvo ocasión de decirle, quizá le pide perdón por no haber cuidado lo suficiente de su salud, o tal vez le confía asuntos personales destinados solo a los dos. Y así permanece horas en ese banco hasta que el pueblo se aquieta, se apagan las luces de las tabernas y se recogen las sillas alrededor de las mesas. Entonces se levanta y regresa a su casa con pasos pesados y dolientes, mientras yo sigo con la mirada su figura desde mi balcón con vista al mar, hasta que se desvanece entre las casas apretadas.

Conocía bien a Katrina, y también conocía a Cristos.

Cada vez que este recuerdo aflora en mí, me desborda una oleada de envidia. Me pregunto: si el grito de Ángela pudiera llegar a otros lugares —digamos, a las estrellas en los cielos de esta isla—, aunque no despertara a su abuelo, ¿acaso movería al menos la conciencia, hace tiempo muerta, de tantas personas que se dan un festín con la carne de sus hermanos, infunden terror y viven de la extorsión, los tiroteos, el asesinato y el secuestro de niñas? ¿Cuándo vendrá Ángela a nosotros para desatar su grito y anticiparse a la muerte barata que nos visita cada día, para que ya no tengamos que buscar un banco en el que sentarnos cada tarde?

Y no hay garantía de que lo encontremos.

Siku, gente, *Siku*...

Capítulo 19

Un mundo complicado y simple

Entro en el Aeropuerto de Lod, también conocido por su nombre hebreo *Ben Gurion*, y lo encuentro medio vacío debido al amistoso embargo aéreo euro-americano. Algunos pasajeros fueron reubicados (contra su voluntad) en uno de los vuelos de la mayor aerolínea "Nacional"—de hecho, la única que se atrevió a desafiar los misiles y el embargo y, convertida en monopolio, su precio en bolsa se disparó.

Paso por todos los controles de manera sorprendentemente tranquila, sin detenciones, sin registros y sin preguntas repetidas como un loro. Hay algo en esto que me llena de sospecha, y algo que despierta dudas sobre mi propia pertenencia.

En la zona libre de impuestos, varias pantallas de TV transmiten la misma noticia sobre misiles disparados desde Gaza que cayeron en el sur. Uno de los edificios recibió un impacto directo. A mi alrededor no hay murmullos, y la tensión se nota en el rostro de todos. No oigo a nadie hablar mi propio idioma —quizá por cautela o miedo—, solo silencio o la única lengua oficial.

De pronto, la sirena de alarma lanza su aullido, que me advierte e instruye a buscar refugio. Las fuerzas de seguridad se mueven con rapidez y me obligan a entrar en una zona segura, quizá junto con aquellos que, anoche mismo en Haifa, habían manifestado y deseado la muerte a los árabes con cánticos rotundos y grandilocuentes consignas.

Nuestro destino está ahora entrelazado: yo, la muerte y lo que sea que haya entre nosotros.

Compro algunas prendas de verano esenciales en la tienda de ropa, desoyendo los gritos que piden un boicot étnico, como si hubiéramos vuelto a la división basada en la identidad nacional y no en las opiniones.

Un joven me saluda, formal y con gesto adusto, como intentando mantener la distancia—y noto que tiene la esperanza de que me retire lo antes posible para protegerme, y quizá protegerlo también a él. Nuestro intercambio es breve y escueto... Pasan largos minutos hasta que mi hijo termina de elegir su ropa de verano y las zapatillas deportivas que le quedan bien... Por un momento, el joven olvida la situación, se inmiscuye en mi conversación y me dice que la mochila de mi hijo con el emblema del Real Madrid es genial. Le pregunto a qué se refiere, y me responde que es un ferviente seguidor del Real Madrid, mientras que su hermana es igual de apasionada por el Barcelona. Añade que durante el

Clásico ella lo saca de quicio y se pelean, pero a la mañana siguiente se reconcilian y reanudan sus relaciones fraternales.

Le reagalo una sonrisa cómplice, porque en mi casa el patrón es similar. Mi hijo y yo: él me fastidia con el Real, y yo le hago bromas con Messi.

Yo simpatizo con su hermana, y él con mi hijo.

Y la guerra por Gaza continúa.

La muerte continúa segando vidas, lejos tanto de Barcelona como de Madrid.

Este mundo es extraño en su sencillez...

Capítulo 20

Adiós, Eliki Christaki

Hace veintinueve años, ella se presentó ante mí.

Nunca preguntó por mis orígenes, mi familia, mi religión, nacionalidad, raza, color de piel o incluso mi manera de ser. Me quiso tal como soy desde nuestro primer encuentro. O, más exactamente, quería a todos así.

Cada mañana me traía huevos del campo y leche fresca de cabra de su modesta granja en el pequeño pueblo de la isla de Creta.

Recuerdo que una vez devolví una botella de leche a nuestra vecina Rola —la propietaria de la tienda cercana donde la compré— y ella me trajo una olla llena de leche de cabra del campo, hirviendo, para ponerla en la nevera.

—Qué vergüenza, Ali. ¿Comprando leche estando en nuestra casa? ¡Todo lo que quieras ya está en casa! dijo, con la franqueza directa de la gente del pueblo.

Cada verano me encontraba con ella. La sonrisa

nunca se le borraba de los labios mientras, discretamente y con un punto de picardía, para que el viejo (su marido) no viera, traía una porción de su comida para los gatos de casa, añadiendo además las sobras de la granja.

Hace seis años le diagnosticaron la enfermedad, "la que innombrable". El cáncer en sus pulmones y huesos estaba en fase avanzada, y los médicos dudaban de la utilidad del tratamiento, estimando que viviría como mucho seis meses.

Desafió a la ciencia, a la enfermedad y a todos, y siguió cuidando cada día las flores en las macetas del patio. Cuando podía, iba a la granja y volvía con dolor, quejándose de la suciedad que había allí y del estado de sus gatos, gallinas y conejos.

Un año después de que se descubriera la enfermedad, yo desarrollé una parálisis del nervio facial (facialis). Me costaba mirarme al espejo, y estaba desanimado.

Una tarde nos sentamos juntos, y me preguntó:

—¿Cómo estás, Ali?

Yo sabía cuánto me quería, así que le abrí el corazón y compartí mis sentimientos. Sin vacilar, me alzó el dedo índice con una resolución decidida, maternal y amorosa, y dijo:

—Agradece a Dios, Ali, da gracias a Dios.

No sé de dónde vino esa fuerza, que entró directamente en mi corazón y lo reanimó.

Aun así, me avergonzaba la comparación entre mi salud y la suya.

Este verano, nos estuvo esperando para que fuéramos a verla.

Ayer se rió y comió su helado de vainilla favorito y esta mañana nos dejó.

Su cuerpo, envuelto en sudarios, estaba tendido en la sala, y todos se sentaron a su alrededor, compartiendo recuerdos de sus hazañas, sus historias y sus aventuras, tras haber dado a luz a su hija mayor, cuando ella aún no había cumplido los dieciséis.

Que Dios te guarde en la gloria, abuela de mi esposa, que fuiste como una segunda madre para mí, mi madre de verano.

Adiós, Eliki Christaki.

Capítulo 21

Se llamaba Mathios

Me pidió que lo acompañara a la pequeña cocina de la taberna que dirigía, situada en la planta baja, debajo de nuestra casa, en un pueblecito de una isla cuya población no superaba unos cientos.

Recuerdo que aquel atardecer el mar se veía extraño y maravilloso. Unas olas, como ninguna que hubiera visto antes, golpeaban las rocas que custodiaban la casa, y el agua salpicaba hasta llegar al balcón de la modesta posada rural en el segundo piso.

Entramos en la cocina, y abrió un armario viejo en el que estaban dispuestos los planos de las mesas de la taberna. Apartó uno de ellos y sacó un arma grande escondida. La examinó de cerca, como si fuera su amada, y luego me la lanzó a las manos.

En toda mi vida, nunca había tocado un arma y solo conocía una pistola y un rifle —y eso, además, solo por las películas. Las manos me temblaban bajo el peso de la responsabilidad que imponía sobre mí. El arma era pesada, de más de un metro de largo, y su parte central era como un tubo de diámetro más ancho que el resto, perforado por muchos agujeros.

—¿Qué es esto? —le pregunté en inglés mientras intentaba deshacerme de ella y devolvérsela.

—*Kalo* (¿está bien)?— respondió en griego con tono interrogativo mientras sonreía.

—Llévatela si quieres. La necesitas en Palestina. En la montaña, en el invernadero de plátanos, tengo dos cajas llenas de balas.

Se llamaba Mathios. Estaba en los cincuenta cuando puse pie en la tierra de Creta, un verano de mediados de los ochenta. Por entonces, yo era un joven estudiante que empezaba mi camino en la Universidad Estatal de Moscú.

Mathios era un hombre alto, de espalda encorvada, voz potente, un largo bigote blanco y escaso cabello largo, al que arreglaba en una pequeña trenza.

Era un hombre culto, de mente abierta, lector voraz y amante de la filosofía; un alma recta que despreciaba las concesiones o las soluciones de compromiso—un perseguidor de la justicia por excelencia. Era temperamental, y más de una vez lo vi gritarle a algunos clientes molestos, o cerrar la taberna y dejar a los parroquianos sentados fuera, en las mesas, sin pagar lo que habían tomado.

Quizá por eso vivía solo.

Cuando escuchaba las noticias sobre la invasión de

Líbano a principios de los ochenta, se le encogía el corazón y hablaba con orgullo de los niños que portaban RPG.

Él no sabía inglés, ni yo griego, pero nos entendíamos con gestos y, sobre todo, con el lenguaje del corazón.

Mi estancia allí duró más de un mes. Por la cercanía, y para llenar el tiempo libre que me quedaba al volver del mar, lo ayudaba con la taberna, sobre todo atendiendo a los turistas extranjeros entre los clientes— incluso sin que me lo pidiera. Cuando me negaba a aceptar el dinero que me ofrecía a cambio de ese servicio, siempre encontraba una manera ingeniosa de dármelo.

Por la noche, me sentaba en el balcón del segundo piso, justo encima de él, y lo observaba. Cerraba la taberna cuando se iba el último de los visitantes, apagaba las luces y se sentaba solo en una mesa junto al mar durante una hora o más, bebiendo un vaso de whisky, fumando en pipa y contemplando las estrellas titilantes sobre el mar oscuro, o calculando cuántos días faltaban para que apareciera la luna llena. Luego se iba a su casa.

Solo.

Nada lo esperaba allí salvo la soledad y el silencio.

Muchas veces lo seguí mientras caminaba, y muchas veces me pregunté por su vida.

Al cabo de un tiempo, cuando se cerró la taberna, se mudó a vivir a su casita junto a las dos cajas de balas, junto al invernadero de plátanos, a media hora o más a pie.

Todas las vacaciones de verano me lo cruzaba dos veces en mi camino, a veces más. Por la mañana, cuando me sentaba en el balcón que daba a la playa, lo veía a lo lejos caminando para hacer algunas compras en la tienda del pueblo y para comprobar el estado del pescado en las barcas que regresaban del mar.

Cada verano veía en su cuerpo el desgaste de los años y la soledad; aun así, siempre conservaba la sonrisa y preguntaba por la situación en Palestina.

Se interesaba vivamente por nuestra situación con suma sinceridad y seriedad.

Le tenía un aprecio especial. A mis ojos, era autodidacta, un patriota, un ser humano bondadoso, altruista, generoso y lleno de amor propio.

Ese verano no lo vi.

Supe que había muerto.

Este hombre se ha ido, y ya no volverá a venir caminando al pueblo cada mañana.

Descansa en paz, Mathios.

Viviste y moriste solo, y solo puedo esperar que haya sido tu elección.

Te has ido,
queda tu hermoso recuerdo,
y queda el Kaláshnikov.

No tienes idea de la calma que siento, porque no tienes idea de cuántos de los suyos tenemos ahora en nuestras manos.

Si hubieran sabido de qué lado estaba él, no me habrían pedido que los acompañara a todos a la cocina.

Bibliografía

1. El sitio web de la Asociación Israelí de Hipnosis www.hypno.co.il ↑
2.Thomas, K. B. (1987): General practice consultations: is there any point in being positive? British Medical Journal vol. 294, pp. 1201-1203 ↑
3.Emoto, M. (1999): Messages from Water, Hado Kyoiku Sha Co., Ltd. ↑
4.Pascual-Leone A, Nguyet D, Cohen LG, Brasil-Neto JP, Cammarota A, Hallett M. 1995. Modulation of muscle responses evoked by transcranial magnetic stimulation during the acquisition of new fine motor skills. J. Neurophysiology. 74: 1037–45 ↑
5.Al-Fatiha–la primera sura del Corán que se recita en cada oración y en diversas circunstancias de la vida diaria de un musulmán. ↑
6.Al-Hajjaj ibn Yusuf (714-660)–gobernador de Irak durante el período omeya. ↑
7.Hadiz–cosas transmitidas del Profeta Muhammad o acerca de él. ↑
8.Feliz. ↑
9.Por transparencia y con espíritu de colaboración —y para garantizar la continuidad y la profesionalidad del tratamiento— deseo señalar que, tras obtener mi título y regresar a mi país, mantuve varias sesiones adicionales con el Dr. Ayman para continuar el tratamiento de las cuestiones que habían surgido inicialmente, las cuales se pospusieron hasta que él concluyó sus estudios. ↑
10.Es evidente que la historia de Rana es compleja y que el tratamiento no terminó aquí. Incluyo este extracto únicamente para ilustrar el método de hipnoterapia que usé para abordar una pesadilla recurrente. Y no solo eso, por supuesto. Ya mencioné en la primera parte del libro que la hipnoterapia y los sueños tienen mucho en común, puesto que es posible, mediante la hipnosis, detener un sueño específico y tratarlo como hice aquí con Rana. En este relato no se trata de explicar el sueño ni sus símbolos, sino simplemente

de referirse a él tal como es —una entidad única—, sin ahondar en detalles para su comprensión. ↑